Schöane Grüaß ausm Rieas

heiter, besinnlich, kritisch

Alfred Bäurle

Impressum:
Alle Rechte vorbehalten
Umschlagbild: Alfred Bäurle
Zeichnungen: Alfred Bäurle

©

Herstellung und Verlag: BoD – Books on Demand
Nordstedt

ISBN: 9 783 749 421 022

.

Inhaltsverzeichnis

Quer durch das Jahr

Heimat

Inhaltsverzeichnis

Gedankenfragmente

Quer durch das Jahr

Verkehrte Welt

Sie stehen zusammen und erzählen,
die Einkaufstaschen voll beladen,
mit Dekorationen, kaum zu zählen,
um neueste Trend's zu beraten.

Lichter sollen die Bäume schmücken,
wie helle Sterne nächtens strahlen,
so schwärmt die eine, voll Entzücken.
Sie will ja ganz gewiss nicht prahlen.

Ein Weihnachtsmann auf dem Schlitten
gezogen von LED-Rentieren,
werden auf ihres Grundstücks Mitten
die Festtagsstimmung hell garnieren.

So wird die dunkle Jahreszeit
hell wie Feuerwerke strahlen,
schöner Glanz soll weit und breit
ganz zauberhafte Bilder malen.

Die Zweite sogleich stolz verkündet,
dass sie in weihnachtlichen Tagen
auf dem Balkone jetzt entzündet
Kerzen, von Engeln würdevoll getragen.

Die Dritte erzürnt beim Erblicken,
auf großer Kirche Anschlagbrette,
ein Plakat mit Lettern, dicken,
die laden ein zur Christnacht-Mette.

Es ist doch wirklich unerträglich,
so hört man sie recht giftig zischen.
Sagt selbst, ist es nicht ganz unsäglich,
dass Christen sich auch hier einmischen.

Josua und Simeon

Er stand einfach zur falschen Zeit am falschen Ort. Dieses Mißgeschick hat sein junges Leben auf einen Schlag verändert. Josua schaute mit traurigen Augen auf sein verkrüppeltes Bein.

War es seine Neugier, oder einfach lebhaftes Interesse, als er ganz nahe bei den Sklaven stand, die im Auftrag des römischen Statthalters eine hohe Mauer errichteten. Ein Teil des Bauwerks stürzte plötzlich ein und schwere Steine hatten seinen rechten Fuß zerschmettert.

Lange musste er große Schmerzen ertragen. Aber nun konnte er wenigstens, wenn auch nur mühsam, wieder gehen. Obwohl er Freunde hatte, die ihm immer wieder halfen, in diesem Augenblick war er allein. Josua versuchte, die Tränen zu unterdrücken, die unaufhaltsam in seine Augen drangen und an seinen Wangen herunter kullerten.

Draußen bei den Hirten auf den Feldern von Bethlehem würden wundersame Dinge geschehen, drang die Kunde von Mund zu Mund durch Straßen und Gassen. Hurtig machten sich seine Freunde auf den Weg, um zu erkunden, ob an dieser Geschichte etwas dran sein könnte. Die Dunkelheit hing noch in den Tälern. Die Hügel waren eingehüllt in einen dunstigen Schleier. Bald wird die Sonne hinter den Bergen aufleuchten und die Nacht vertreiben.

Josua stützte sich auf seinen Stock und sah wehmütig seinen Freunden nach, die mit weit ausholenden Schritten hinaus aus der Stadt zu den Feldern rannten.

Ich will ihnen hinterher humpeln, vielleicht kann ich dann mit eigenen Augen sehen, was sich dort zuträgt, dachte er bei sich. So schnell er es vermochte, begann auch er zu laufen. Schon nach wenigen Stadien blieb er mit seinem pressthaften Fuß an einer knorrigen Wurzel, die aus dem trockenen Erdreich ragte, hängen. Er stürzte zu Boden. Es gelang ihm aber sich mit den Händen abzustützen, so dass er unverletzt blieb. Der kühle Atem eines Luftzuges kühlte seine erhitzten Wangen.

„Komm mein Junge, ich helfe dir", drang eine Stimme in seine Ohren. Als er aufblickte, stand ein alter Mann unmittelbar vor ihm. Seine vielen Falten im Gesicht und seine kleinen lebhaften, gütigen Augen weckten in Josua die Erinnerung an seinen guten Opa, der vor einigen Jahren verstorben war.

„Wo willst du denn hin?", fragte der Alte.

„Zu den Hirten auf den Feldern, dort sollen sich wundersame Dinge zutragen", keuchte Josua, als er wieder auf den Beinen stand. Der Alte lächelte versonnen, legte seinen linken Arm auf die Schulter des Jungen und deutete mit dem Zeigefinger seiner rechten Hand nach oben, wo ein seltsamer Stern zu erkennen war.

„In diese Richtung musst du laufen", sagte der alte Mann. „Wenn du willst, kann ich ein Stück weit mit dir gehen, dann bist du nicht allein", bot er Josua an.

„Meine Freunde sind aber da hinüber gerannt", entgegnete ihm Josua.

„Ja ich weiß, aber sie sind nur gerannt ohne zu schauen" antwortete der Greis. „Mich haben sie einfach zur Seite gestoßen." Er sagte dies ohne einen vorwurfsvollen Ton in seiner Stimme.

Als sie auf ihrem Weg ins Gespräch kamen, erzählte der Alte aus seinem Leben. Lange Zeit sei er dem Erfolg und dem Vermehren seines Besitzes nachgerannt. „Ich habe aber das Glück nicht gefunden. Es ist mir in dieser Zeit bewusst geworden, dass die Jagd nach Besitz nicht der Endzweck meines Daseins sein kann. Nun bin ich jeden Tag in Jerusalem im Tempel und warte auf ein Ereignis, das ein Bauer mit dem Namen Micha vor Jahrhunderten prophetisch voraussagte".

„Bitte erzähle mir davon", bettelte Josua.

„In Bethlehem wird ein Friedensfürst geboren werden, ein Hirte, der für die ganze Welt einen Weg aufzeigt, wie Frieden werden kann unter allen Menschen. Ich spüre dass dieser Tag nahe ist. Ja, ich habe oft davon geträumt. Aber ich muss zurück, beinahe hätte ich es vergessen, dass ich morgen im Tempel meinen Dienst verrichten muß."

„Schade, das ist sehr schade", antwortete Josua und er blickte traurig in die Augen des Mannes, als er seine Frage an den Greis richtete.

„Wie heißt du eigentlich?"

„Man nennt mich den greisen Simeon", antwortete er, dabei umarmte er den Jungen, drehte sich langsam um und lief zurück.

Josua war allein. Er blickte traurig auf den steinigen Boden, als plötzlich ein helles Licht die Berge erleuchtete. Ist heute dieser Tag, an dem geschehen wird, was Simeon ihm erzählt hatte? Dieser Gedanke türmte sich in seinen Kopf wie eine gewaltige Vision auf.

Als er nach oben blickte, leuchtete ein heller Stern mit einem langen glänzenden Strahl am Himmel. Das Licht fiel direkt auf eine Höhle, die offenbar zu einem Stall ausgebaut worden war.

„Meine Füße schmerzen und mir ist schrecklich kalt", murmelte er vor sich hin. „Aber ich muss wissen, was dort geschehen ist." Er stapfte, Kälte und Müdigkeit vergessend, so schnell er es vermochte zu diesem Stall.

Als er keuchend die Höhle erreicht hatte, konnte er nicht begreifen was geschehen war. Ein Kind lag arm und hilflos, selig schlafend in einem Futtertrog. Eine junge Frau und ein bärtiger Mann standen dabei. Josua vernahm den gleichmäßigen Atem von Tieren. Ein Ochse und ein Esel blickten neugierg auf die Futterkrippe.

„Hätte ich damals nicht diesen Unfall gehabt, wäre ich ganz sicher mit den Anderen in die falsche Richtung gerannt und wäre auch diesem Sonderling, Simeon, nicht über den Weg gelaufen", sinnierte er vor sich hin.

Mein Unfall hat plötzlich einen Sinn bekommen, jetzt kann ich mein Los besser ertragen." Solche Gedanken stürmten durch sein ganzes Gemüt und wühlten sein Herz auf. Er fiel vor dem Kind nieder und weinte.

Weinte, weinte überglücklich vor Freude.

Ochse und Esel an der Krippe

„Was muss ich mir noch alles gefallen lassen", brummte der Ochse und senkte traurig seinen Kopf, um das kärgliche Futter zu verschlingen, das man für ihn auf den Boden geworfen hatte.

„Den ganzen langen Tag habe ich auf dem Acker geschuftet. Bei glühender Hitze. Dass auch ein Ochse einmal Durst haben könnte, daran dachte natürlich niemand. Am Ende, als meine Kräfte nachließen, hat der Bauer noch mit einem Stock auf meinen Rücken geschlagen und mich dazu noch ganz grob beschimpft. Du fauler Kerl, hat er geschrien und gotteslästerliche Worte da bei ausgestoßen. Jaja, diese Menschen bilden sich ein, die Krone der Schöpfung zu sein. Aber ohne uns Tiere, da würden sie schön dumm aus der Wäsche schauen." Er legte sich ächzend auf den kalten Stallboden und döste ein.

Nur wenige Meter entfernt hing ein altgedienter Esel seinen Gedanken nach. „Störrischer Esel haben sie mich genannt. Dummes Vieh, schrie mich ein Treiber an und hat dabei mit einer Rute auf meinen Kopf eingedroschen. Was habe ich unrechtes getan? Warum werde ich behandelt wie der schlimmste Taugenichts? Sie sagen ich wäre dumm und widerspenstig. Wer hat denn die schwere Last in die Stadt getragen? Mein Herr oder ich? Wer hat mich auf dem Markt an einen Pfahl gebunden und ist dann ins Wirtshaus gelaufen, um fürstlich zu essen und hat den kühlen Wein getrunken? An meine Bedürfnisse dachte er natürlich nicht. Wer hat dann meinen Herrn auf dem Rücken heimgetragen, weil er, angetrunken, kaum noch laufen konnte? Wen kümmert das schon? Das Wort dankeschön, auch mal ein kleines Lob oder eine extra Ration Futter, daran denken sie nicht diese Menschen. Iah, iah ich bin ja nur ein Esel. Auch das haben sie vergessen, dass einer meiner Vorfahren den Propheten Bileam gerettet hat. Undank ist der Lohn der Welt."

Er hörte noch den ruhigen Atem des Ochsen, der müde und erschöpft eingeschlafen war.

„Ich werde mich auch ausruhen, wer weiß was ich morgen für Lasten aufgeladen bekomme." Der Esel legte sich nieder und schlief ein.

Die Nacht senkte sich über die Felder, den Stall und die Stadt herab. Als etwa eine Stunde vor Mitternacht ein heller Lichtstrahl, durch eine Öffnung im Dach, den Stall hell erleuchtete, wachten der Ochse und der Esel auf. Sie blinzelten mit ihren verschlafenen Augen und wussten nicht, was in diesem Augenblick geschah. Ist ein Feuer ausgebrochen? Sind Diebe mit Fackeln eingedrungen um uns zu stehlen? Solche Gedanken huschten durch die Köpfe der beiden Tiere.

„Haben unsere Herren das helle Licht noch nicht bemerkt", brummte der Ochse. „Das ist doch ganz typisch, immer wenn etwas außergewöhnliches geschieht schläft der Homo sapiens", iahte der Esel. Er gebrauchte ganz bewusst diesen Ausdruck, um dem Ochsen klar zu machen, dass er Bildung besaß.

„Wir werden der Sache nachgehen und schauen welche Bewandtnis dieses helle Licht hat", murmelten beide gleichzeitig vor sich hin. Sie verließen ihren Stall und trotteten dem Licht entgegen. Auf den Feldern schliefen unter offenem Himmel Hirten, nur mit einem Schaffell bedeckt, die die Schafe der Reichen bewachen sollten. Ganz offensichtlich war auch ihnen die wundersame Helligkeit noch nicht aufgefallen. Nur ein Mutterschaf blickte verschlafen in die Helligkeit hinein, senkte aber gleich wieder den Kopf und schlief wieder ein.

Eine ganze Weile liefen Ochse und Esel nebeinander her. Die Sonne hatte beinahe den tiesten Stand ihrer Bahn erreicht.

„Mitternacht, ein neuer Tag beginnt", meinte der Esel. „Oder eine neue Zeit fängt an", philosophierte der Ochse und wiegte nachdenklich seinen breiten Schädel.

Es wäre Zeit noch etwas auszuruhen sagten sie zueinander. „Esel sieh nur, da vorne hinter den Sträuchern steht ein Stall". „Du hast recht lieber Ochse" antwortete der Esel, „dort ist auch das sonderbare Licht ganz hell. Wir wollen hingehen um zu sehen was das alles zu bedeuten hat."

Als nun die beiden zum Stall kamen, wunderten sie sich, dass weder Tiere noch Menschen zu sehen waren. In einer Ecke erblickten sie einen großen Haufen Stroh und gleich daneben lag ein Büschel duftendes Heu. Das würzige Futter weckte bei Ochse und Esel einen mächtigen Hunger, aber sie wagten es nicht an den Heuhaufen, um zu fressen. Eine

Futterkrippe stand vor dem Heuschober und in diesem Trog lag trockenes Stroh, bist zum Rand ausgebreitet.

„Wir sollten uns hinter den Strohhaufen legen und abwarten was geschehen wird", riet der Esel.

Der Ochse war einverstanden. Sie versteckten sich beide hinter dem Stroh und wagten kaum zu schnaufen.
Es dauerte auch gar nicht lange, da betrat eine junge Frau, begleitet von einem etwas älteren Mann, den Stall. Die junge Frau sah sehr erschöpft aus. Der Mann machte auf Ochse und Esel einen besorgten, ja ratlosen Eindruck. Sein Gesichtsausdruck wirkte sinnierend und grübelnd.

„Die Frau bekommt ein Junges" brummte der Ochse so leise er es vermochte. „Bei den Menschen sagt man doch sie bekommt ein Kind" verbesserte der Esel im Flüsterton. Die arme Frau wird ihr Kind in diesem Stall gebären müssen dachten beide und blickten voll Mitleid auf die beiden Menschen.

„Aber warum ist es gerade hier so hell, warum steht über dieser armseligen Behausung ein Stern, der alles festlich erstrahlen lässt?", sinnierte der Ochse.

„Hier geschieht etwas Besonderes, ja Einmaliges! Wir erleben den Beginn einer neuen Zeit, das spüre ich in meinem Herzen. Auch der Esel Bileams hat gespürt, was dieser, obwohl er doch ein Seher war, nicht erkannte. Mein lieber Freund, mein guter Ochse, wir werden dabei sein", raunte der Esel. Sie wagten es, verstohlen hinter dem Strohhaufen vor zu schauen.

Der Mann breitete etwas Stroh auf den Stallboden und die Frau legte sich unter Stöhnen darauf.

Angespannt lauschten Ochse und Esel den unterdrückten Schreien der jungen Frau, die ganz offensichtlich mit großer Geduld heftige Schmerzen ertrug.

„Hörst du, der Mann redet ihr gut zu, er hält ihre Hand und schaut in das helle Licht hinein", wisperte der Ochse.

Die Spannung der beiden Tiere wuchs ins Unerträgliche. Plötzlich ein Schrei, ein erlösendes Aufatmen der Frau und ein tränenersticktes Gestammel des Mannes war zu hören.

„Ein Kind ist geboren, so etwas habe ich noch nie miterlebt.", frohlockte der Esel ganz entzückt. „So klein, so armselig und doch so schön.", schwärmte der Ochse.

Die Frau legte ein Wolltuch auf das Stroh, das im Futtertrog lag. Die beiden Tiere schauten aus ihrem Versteck heimlich zu, als der Mann den kleinen Erdenbürger in die Futterkrippe legte. Jetzt nahm er sein Schultertuch ab und bedeckte das kleine Kind, damit es nicht frieren musste.

Ochse und Esel waren so ergriffen, dass sie es wagten aus ihrem Versteck zu kommen. Hinter der Futterkrippe blieben sie stehen und schauten so freundlich wie sie es vermochten auf das Kind.

„Maria sieh nur, wir sind nicht allein, ein Ochse und ein Esel werden dich und unseren Sohn wärmen. Alles wird gutwerden.", sprach der Mann, der ganz nahe bei seiner

Frau stand und seinen Arm schützend um ihre Schulter legte. „Ja, du sagst es, mein lieber Josef, hab tausend Dank für deine Sorge.", entgegnete ihm Maria. Eine ganze Weile standen alle stumm um die Krippe, ohne zu ahnen was hier vor sich ging.

„Maria hörst du es auch? ich vernehme Stimmen und einen himmlischen Gesang.", rief Josef verwundert. Maria blickte überglücklich auf ihr schlafendes Kind, das selig zu lächeln schien.

Unter die Lieder, die nun von überall her zu hören waren, mischte sich das Blöken der Schafe, die sich dem hellerleuchtetn Stall näherten. Viele Hirten kamen eilends hinterher gelaufen.

„Ein Bote, mit leuchtendem Gewand, hat uns geweckt und verkündet, dass in diesem Stall ein neuer König geboren wurde.", keuchte ein junger Hirte. Bald kamen auch noch andere dazu. Einige knieten nieder und blickten staunend zu dem hell leuchtenden Stern empor.

Der Ochse und der Esel drängten sich ganz eng an den Futtertrog heran, um den kleinen König vor dem kalten Wind, der durch die Ritzen in den Wänden wehte, zu schützen.

Als sich eine freche Fliege auf dem Gesicht des Kindes niederlassen wollte, vertrieb der Ochse den Plagegeist mit seinem Schwanz. Der Esel konnte ein Lachen nicht unterdrücken, iahahaha, iahahaha. Er beobachtete die Abwehraktion seines Kollegen mit großer Freude.

„Ist es dir aufgefallen, dass wir, die Tiere, die Ersten waren, die es erfahren haben, dass eine neue Zeit beginnt?" fragte der Esel den Ochsen. „Ja natürlich!" bekam er zur Antwort, „und nicht nur das, wir waren sogar dabei, wir, Ochse und Esel und nicht die Menschen, das hat doch sicher einen Grund."

Maria lächelte die Beiden an. Ein mildes Licht fiel auf ihr Gesicht. „Wie schön sie ist.", murmelte der Esel. „Es gibt auch gute Menschen, solche wie diesen Josef. Er redet nicht viel, schimpft nicht und ist einfach da, wo er gebraucht wird.", erwiderte der Ochse.
„Heute bin ich richtig froh, dass ich ein Esel geworden bin.", sagte der Esel ganz leise vor sich hin. „Ich fühle mich richtig wohl in meiner Haut.", brummte der Ochse, kaum hörbar, vor sich hin.

„Ochse und Esel erkannten ihren Herrn von selbst, den Menschen musste es erst verkündet werden, dass ihr Retter geboren worden ist", gab der Esel stolz zu bedenken.

Das Kind öffnete für einige Atemzüge lang die Augen und die beiden erkannten, dass es lächelte. Nun versuchten auch Ochse und Esel es dem kleinen Erdenbürger gleichzutun.

Da konnten auch Maria und Josef ein gütiges Schmunzeln nicht unterdrücken.
Alle waren glücklich, ja sogar ein wenig stolz, so, wie nie zuvor in ihrem Leben. Wie in einem schönen Traum lauschten sie den Klängen, die von überall her in den Stall drangen. Sie spürten, dass eine neue Zeit begann. Das war ganz offensichtlich.

„Wir waren dabei!", brummte der Ochse. Der Esel nickte zustimmend.

Beide vergaßen die Last der vergangenen Zeit. Ein Jahr, das mit einer solchen Nacht endet, kann für die Zukunft nur Gutes verheißen.

Mit dieser Hoffnung im Herzen schliefen Ochse und Esel ein.

Weihnachtswünsche der Tiere

Ka nemme saga wo es glesa,
en Lob (Laub) em Tannawald seis gwesa.
Viel Viecher stellat se dia Frage,
was wichtig isch am Weihnachtstage.

Von alle Länder warads do,
von weiter her ond o von gno.
Siea redet lang rom om da Brei,
was Z'wichtigschte von Weihnacht sei.

Von Grönland war a Eisbär do,
der fangt o glei zom Reda a.
Eis muaß gäba ond an Schneea
soscht isch des Weihnachtsfescht net schea.

Dr schlaue Fuchs hot se glei gmeldt
des bescht isch doch off dera Welt,
a' Gänslesbrota, was zom Fressa.
Soscht keänt er Weihnachta vergessa.

O ds Reh verrot sein Weihnachtstraum,
braucht obedengt an Tannabaum,
mit Kugla dra ond viele Kerza,
nor so gäng ehm des Fescht zo Herza.

Große Oga macht do d Eule
ond jommert laut mit viel Geheule.
Schummrig muss des Fescht doch sei.
Wanns Liacht recht hell, do schlof i ei.

Von weit her komma isch a Pfau,
hot Räder gschlaga macht a Schau.
A nuis Kloid des tua i net verachta,
soscht isch ver mi halt net Weihnachta.

A Elschter krächt ond schwänzelt rom,
ohne Schmuck des wär recht domm!
Rengla, Ketta, Broscha, Spanga,
isch mei Weihnachtsfeschtverlanga.

A Braunbär isch vo Russland komma,
mit tieafer Stemm tuat er laut bromma,
von von allam Süaßa nor des Beschte,
isch sei Traum zom Weihnachtsfeschte.

Dr Dachs stöhnt laut ond furchtbar träg.
Schlofa, penna, an alle Täg,
des soll mei Fräd an Weihnacht sei.
Gähnt --- ond schloft glei wieder ei.

Ond saufa, bröllt a Ochs recht laut.
Saufa bis me zammahaut.
Saufa bis mei Ranza spannt
ond dr Schlof mi übermannt.

Aauu! schreit er plötzle laut entsetzt,
dr Esel hot ehm an Tritt versetzt,
er sagt empört zom Ochsa gschwend:
„Denksch du gar net an des Kend."

Do isch dr Ochs ganz roat zmol wora
bis zo de Spitza von de Hora,
gschobt ganz verschämt en Boda nei.
Alloi des Ked muaß wichtig sei!

So schreit dr Esel en da Wald,
so laut, dass s' Echo widerhallt.
do drauf plogt da Ochsa s' Gwissa.
Er frogt:
„Esel moisch du, dass des d Menscha wissa?"

Vom Jesus-Kend

Wiea d Stearadeiter ganga send,
honts Gschenk do glasst, dem kloina Kend.
En ihre Herza wars Verlanga,
die Burg vom Herodes zom omganga.

Nooch wenkt dr Josef de fremde Gäscht,
s Kendle schloft em Stall ganz fescht.
Müad hot d Maria d Oga grieba.
Vorm Stall sends a weng standa blieba.

Bald gschobats wieder nei zom Kloina.
Was isch passiert? Es isch zom Greina.
Em Krippatrog koi Kend mea isch.
Obs ebba gar rausgfalla isch?

D Muader verschrickt, schreit ond fleht.
Josef hilf ond suchs! I beät,
dass koi Oglück isch do gscheha.
Ked wo bisch? Lass de halt seah!

Ochs ond Esel gschobat stomm,
schüttlat Köpf, mol rom, mol nom.
Mei Kend, mei Kend wo bisch denn na,
weil i die neardads fenda ka?

O des tuat weah, o des isch schlemm.
Ganz leis höarts zmol sei zarta Stemm.
Zo de Ärmste ben i ganga.
Des isch mei Aufgab, mei Verlanga.

Bei arme Kender muass i sei.
Mi stichts ens Herz bei ihrm Schrei,
wann Bombahagel ond Granata
Oglück brengat, Toad ond Schada.

Mei Kend, i höar dei Stemm mit Banga
i woiß net, wo du na bisch du ganga?

I loff en de Städt, durch alle Gassa,
suach Menscha die alloi, verlassa
schlofa müassat onter Brucka,
nor zudeckt mit papierne Gucka.

Mei Kend, mei Kend, komm doch zurück,
d Nacht isch kalt, mei oizigs Glück.
Diea Antwort von dem klona Kend
säuselt zruck, grad wia dr Wend.

Zo ra Muader muaß i na,
breng mein Troascht, weil ihr Ma
veroglückt isch, da Toad hot gfonda,
sia braucht mei Hilf' en sotte Stonda.

Verzeifelt isch die guata Fro,
weil diea mi braucht, drom ben i do.

Mei Kend, mei Kend, i siechs ja ei,
doch allweil will i bei dir sei.

Dann stand mir bei ond hilf drzu,
dass friedlich off dr Welt got zua.
So viele Leit noch Frieda schmachta.
Es höart net auf des grausam' Schlachta.

I woiß, du spürsch scho was mir blüaht,
wann ma off Golgotha mie füahrt.

Do spiert d Maria da groaße Pla.
Helfa muaß wer helfa ka.

Siea hot ihr Kend fer d Welt gebora,
hilft mit zom retta, was verlora.

Standad mir bei, mit Herz ond Händ,

bettelt leis des Jesus-Kend,

dass Weihnachta zom Sega wurd
ond an Senn macht mei Geburt.

Heiligobad am vierta Advent

Wer sein Einkof hot verpennt,
vorm Fescht no gschwend ends Städtle rennt,
ka se net ganz sicher sei,
ob er kommt en d' Gschäft no nei.

Dr letzschte Sonnte vorm Weihnachtstag,
isch dr viert Advent, scho sei Lebtag
on der fällt huier wieder amol,
ganz gwieß net zom Easchtamol,

auf diea stilla Heilenga Nacht,
was offabar Probleme macht.
Send Gschäfter auf, oder gar zua?
Des lasst etle Leit koi Ruah.

Ma kennt nix mea zom Essa haba!
Vielleicht täts manch oim gar net schada,
wann er onderm Tannabom
den „Airbag" om sein Ranza rom,

a ganz klois weng verrengra kennt
ond a bissle sich blos b'sennt. ---
En dr Stille ligt diea Kraft,
diea wachsa losst ond Sega schafft.

Mei Rot:
Spar mer besser oser Geld,
för Adveniat, Broat för d Welt,
dass Leit diea müaßat Honger leida,
zom Essa hont ond was zom Kloida.

Vergonnt mer os a weng a Ruah.
Omuas hommer z'ganz Johr gnua.
Es isch a Gschenk fer os ganz gwieß,
wann dr Heiligabod a Sonnte isch.

Denk mer en dr Weihnachtszeit,
an d Botschaft, diea seit langer Zeit,
os da Frieda prophezeit,
so ma EHM diea Eahr erweist.

*Dass der Heilige Abend (24. Dezember) und der 4. Advent,
zusammentreffen kommt genauso häufig vor, wie dass unser
Geburtstag auf einen Sonntag fällt. Statistisch betrachtet ist
die Chance 1 zu 6. Hätten wir keine Schaftjahre, wäre es
also alle sieben Jahre so weit. Schaltjahre verschieben die
Wochentage nach dem Februar ja immer um einen weiteren
Tag. So kommt es, dass die Male, in denen Heiligabend und
4. Advent aufeinander fallen, unregelmäßig sind.*

*z.B. 1989, 1995, 2000, 2006, 2017, 2023 wird es wieder so
weit sein.*

Nuijohrswünsche

Mit alle sott ma guat auskomma,
mit am Spitzbua ond am Fromma.
Mit Meckergoißa, Schnattergäns,
mit gift'ge Drache, jonge Stenz.

Schwätzer ond maulfaule Gsella
däffat da Tag nia net vergälla.
Pechvögel, oder Siegertypa
Gstandne Mannd, oder Xanthippa.

Stacheltier ond Kirchaschläfer
Lackaffa ond jonge Käfer,
sture Böck ond sanfte Tauba
sollat os diea Ruah net rauba.

Dr Verwandtschaft, Bäsla Vetter
em Urlaub allaweil schöas Wetter
De Oxa volle Fuadertrög,
griabige ond ruhige Täg.

Trampeltiere, Possareißer,
stolze Pfaua, Wadabeisser,
eitle Göckel, Gackerhenna
neidlos well mer s' Glück vergönna,

de Wuahlmäus ond de Tagedieab,
o diea hot oser Hergott liab.
Genau wiea d Wuhler, on dia Schaffer
ond diea neigierige Gaffer.

31

Am jeda Tierle, sei Pläsierle
en jeder Noat a Ausweg-Tüarle.
Jedem Buaba o a Schätzle,
em Spatzamännle sei liabs Spätzle.

Verweisa möchte i no am End,
dass d Viecher grad wiea d Menscha send.
Oi Frog kommt mir drbei en Senn:
Was i wohl fer a Tierle ben?

Viel Glück im Neuen Jahr

Am Futterknödel

Amseln plustern weit sich auf
Spatzen streiten im Futterhaus.
Angekrallt pickt die Meise
vom Futterknödel ihre Speise.

Am Ofen angelehnt den Rücken,
seh ich ihr Treiben mit Enntzücken.
In den Sinn kommt mir die Frage:
Was wäre es für eine Plage,

wenn Menschen, wie die zarten Meisen,
essen müssten ihre Speisen,
am Tische hängend mit den Füßen
schwebend in der Luft geniessen

müssten, Braten, Knödel und Salat
Kartoffeln, Spiegelei, Spinat.
Von Übergewicht wohl keine Spur,
und alles ohne Schlankheitskur.

Und die Moral von der Geschicht?
Sei froh dass du kein Vogel bist.

Büttenrede

Zeitong wann i zmorngscht aufschlag,
got a fer mi a nuier Tag.
Oft hab i mei Oga grieaba,
wann i lies was dren stot gschrieba.

Do gots en meim Kopf recht rom,
dass i kaum zom Frühstück komm.
Wo i na gschob Lug ond Trug,
kromme Sacha ond Betrug.

Probleme deant sich hoch auftürma.
Woiß Gott wo na diea beschte Firma
wärad verkofft, dass a Milliardär
nomol a Stück reicher wär.

Ond des, des muaß i o no saga,
weil oiner kriagt net voll da Kraga,
setztr viele Leit off d Strossa,
dass d Aktia steigad wärads entlassa.

Jeden Tag wiea Fanale,
en dr Kirch nor no Skandale,
von Würdaträger, Excelenza,
Bischöf, Pfarrer, Emminenza.

Manche hont viel Dreck am Stecka,
mißbrauchat Kender, zom verschrecka.
Zudeckt hont diea groaßa Schand,
diea Vorbild solltat sei em Land.

34

Viel Pfarrer machat se viel Müah,
bis spät end Nacht, scho von dr Früah
a, ond deane machas s Leba schwer,
wiea em Jesus d Pharisäer.

Politiker, wills net vergessa,
bätschi, bätschi en diea Fressa,
will a Prominenta schlaga,
schämat eich, muaß i do saga.

Guatachter fer Milliona,
diea se hent ond vorn net lohna
Flugzeug die nochm landa,
beim Hoimflug da Präsident lont standa.

Soll ma des allas verzeiha,
s Geld müaßt ma se „von der leiha",
die mim stolza Feldherrnblick
lenkt dr Bundeswehr Geschick?

Ma schmeißt s Geld zom Feschter naus,
lebt selber guat, en Saus on Braus,
lasst sei Stemm hell erschalla,
ds Volk soll da Gürtel enger schnalla.

Es isch wia a Stiech ens Herz,
schreia könnt ma do vor Schmerz
Iatzt bricht se o no mächtig Bahn,
der groaß aufbauschte Genderwahn.

Geschlechtsfrei sei dr Mensch geboara,
so hab i sghöart, mir schwillt vor Zoara,
vor soviel Dommheit glei dr Hals.
Hont diea em Hiera Griabaschmalz?

Dr Datenschutz, i muaße des saga,
ma kommt leicht om Kopf ond Kraga,
wann ma oin freudle grüaßt, mim Nama,
macht mancher do draus glei a Drama.

Dr feine Stob, so wurd berichtet,
osra gsonda Luft vernichtet.
Ma tuat de Leit vor iatzt schreiba,
mim Diesel muasch vorm Städtle bleiba.

D Autobauer hont furchtbar gloga,
ihre Kunda frech betroga.
Scho got loas des große Gfrett,
weil ma net recht gmessa hätt.

Wann oiner nocht von deane Mannd
wechselt en da Ruhestand,
krieagt der do drfür sein Lohn,
jeds Johr a satta Million.

Dr Bauboom könnt no größer sei,
wann ma alle diea sperrt ei,
diea ds Volk belügat, mogla, klaua,
ma miaßt viel nuie Gfängnis baua.

Vom Fernseah muss ma berichta,
laufend Kriminalgeschichta.
Kas nemme seah, es isch a Graus,
s Bluat loft scho zom Bildschirm raus.

Wann zom Doktor amol muasch,
weil de owohl fühla duasch,
zom Facharzt die tuat überweise,
ma ka doch des System net preisa.

Acht Monat krieagsch du koin Termin,
könnt sei, dass do scho bisch dahin,
bis du endlich dra wärsch komma,
des isch doch a Sach, a domma.

Schluss mache iazt, i lass sei,
gschob morga wieder en Zeitong nei.
Vielleicht isch ebbas besser wora
ond i verlier mein heilga Zoara.

Oaschtergedanka

Oft frog i mi, was isch denn gescheah
ma sicht em Feld koi Hasa mea?
Grad iatzt wo Oastra vor der Tier, (Tür)
kommt sonderbar mir sowas fier.

Kender bauat kaum ens Gras
für da guata Oasterhas
ond zom schöna Oasterfest,
förn Moischter Lampe no a Nest.

D Autobahn kas nemme fassa,
weil alle wöllat Urlaub macha,
ond überall es kroicht ond floicht,
Stau so weit des Og nor roicht.

Werbung lockt mit Raffinessa
mit Sekt ond Bier ond bsondra Essa.
Ja mir deicht ma woiß heit nemme
ond des isch ja grad des Schlemme.

Isch des net a groaßa Schand,
dass oser christlichs Obadland,
se offabar macht koi Gedanka
wem mir des schöne Fescht verdanka?

I fürcht des isch der Zeitalof,
d Feiertäg nemmt ma en Kof
doch dass ma dem dia Eahr erweist
ond den an sotte Täg o preist,

der ausm Grab isch frank erstanda.
Mit so ra Red kasch nertads landa.
Wann i dia ganza Sach a siech,
gibt's mer oft ens Herz an Stich.

So höare halt off Schritt ond Tritt:
Alter du kommsch nemme mit.
Sotts Urteil brengt me net en Schanda,
weil ER, ganz gwieß, isch auferstanda.

Dank an die Natur

Wer hat die Welt so schön gemacht
und solche Blütenpracht erdacht?
Wer komponiert der Amsel Lieder,
die erklingen fröhlich wieder?

Wer schenkt der Rose zarten Duft,
dass er erfüllt die laue Luft?
Wo fliegen wohl die Wolken hin,
die hoch am Himmel weiter ziehn?

Wer drängt die Biene hin zum Fleiße,
Honig zu sammeln auf der Reise?
Wer wohl den Kirschen Süße schenkt,
und alles wachsen lässt und lenkt?

Ich weiß es nicht, erahne nur,
das Göttliche in der Natur!
Staunend nimm ich alles hin.
Freu mich einfach, dass ich bin.

Sommertraum

En seim Garta hockt a Ma,
verschnauft a weng, gschobt vor se na,
sicht dass d Sonn bald ontergot
ond moint, dassr no schaffa sott.

Er döst, wiea kennts o anderscht sei
ond schloft drbei ganz oifach ei.
Em Traum sicht er vor seim Tisch,
a Bild des kaum zom globa isch.

Es git a Bank, a Instituat,
diea jeden Tag ehm gäba tuat,
86tausend ond 4hondert,
mit ra Bedingong diea verwondert.

Wers net verbraucht am selba Tag,
muaß zruck ihr gäba da Reschtbetrag.
Dr Ma denkt se bei dera Gschicht,
dass des kaum zom globa ischt.

Am nächsta Tag genausoviel,
von vorna a got do des Spiel.
Was net verbraucht, des isch weg,
spara hot dobei koin Zweck.

Was mach i mit dem viela Geld?
D Noat isch groaß off dera Welt.
Er fangt sofort zom rechna a,
weam er ebbas geba ka.

Doch plötzle wurd ehm sonnaklar,
dass des gar koi Traum net war.
Schnell hotr raus nocht gfonda,
net Euro sends, sondern Sekonda.

Vierazwanzg Stond am Tag vergonnt
ond sechzg Minuta en dr Stond.
A Minut hot sechzg Sekonda,
die Rechnung stemmt, so hotr gfonda.

Sechzg mol sechzg, mol Stond em Tag,
des gibt pfeilgrad den Betrag,
die jeder nuie Tag oim schenkt,
halt net en Euro hot er denkt.

Dr Ma, hellwach, gschobt ganz verdutzt,
stellt fescht, diea Zeit die ma net nutzt,
isch en Ewigkeit verlora.
A zwoitsmol wurd ma net gebora.

Er siecht a Spinn em Netzle fei,
mitta em warma Sonnaschei.
Des Tierle, moint er, isch net domm,
des ruaht se aus en dr Sonn.

Was ds Viechle tuat, so denkt dr Ma,
mach iatzt o, so lang es ka.
Drom bleibe hocka en meim Garta,
d Arbat muaß ganz oifach warta.

Herbst

Des heißen Sommers ganze Glut,
noch in den Ahornblättern ruht.
Dünne Zweige sind schon kahl,
künden dass die Stundenzahl,

die durch Sonnenlicht erhellt
schwindet, und vom Himmelszelt,
sich legen werden graue Schleier
über Bäche, Flur und Weiher.

Ruhen will das Feld, der Wald,
die Nächte werden lang und kalt.
Kein Zwitschern mehr, in den Ästen,
bald werden in den Futterkästen

Finken, Spatzen oder Meisen,
Körner suchen zum Verspeisen.
Nebelschwaden vor dem Walde
künden uns, dass schon balde

Raureif sich auf Wiesen breitet,
uns das Jahr langsam entgleitet.
Im stillen Sterben der Natur
geht neues Werden in Klausur.

Es keimt die neue Lebenskraft
die ewig neue Wunder schafft.

Erntedank

Leär sen scho die moischte Felder,
langsam wärad bont diea Wälder.
Dr Mais stot no mit lange Stängla
veroinzlt sicht ma Erdbiraströngla.

Verdeckt isch d Sonn von Wolkabänder,
nemme lang, nocht kommt dr Wenter.
A Sterba liegt auf Land on Feld,
zom ausruah schickt se a diea Welt.

Zeit isch, dass ma dra iatzt denkt,
ond dem, der wachsa lasst ond lenkt
danka tuat, dass ER hot gäba,
allas was ma braucht zom Läba.

Erntedank! A Fescht ner för diea Baura?
Wer des moit, der isch zom Bedaura.
Dia moischte Leit hont mehr wiea gmua
doch gschobats ohne Mitleid zua,

wia Menscha an vrdorrte Stecka
naga deant, a Bild zom Schrecka.
Wo Kender sich an d Müader klammra,
ma siechts all Tag, a Bild zom Jammra.

Es tät leicht för alle langa,
ma müast halt ner drmit afanga
ond Frieda schaffa, des isch dr Schlüssel,
dass Jeder hot a volla Schüssel.

Schöa wärs, wann an Erntdank,
aufhöara tät dr Streit, dr Zank.

Wer dankt, der denkt
ond dem wurd gschenkt
diea Eisicht, dass fer alle langt.
Erntedank! Wer denkt, der dankt!

Heimat

Oser schöas Rieas

Drbei war i net, doch so habbes ghöart,
d Wissaschaftler hont des genau os erklärt.
Vor Milliona von Johr, so hab is vernomma,
isch a Asteroid vom Hemmel her komma.

A gewaltiger Brocka isch des gwesa,
en schlaue Büacher do hab is glesa.
Oinahalbtausad Meter dick war der Brocka,
mei lieaber do isch alles verschrocka.

Mit siebzgtausend Kilometer en dr Stond,
hotr se neibohrt en da Grond.
Hart ischr aufm Boda aufgschlaga,
hot a Loch mit viertausend Meter tieaf graba.

Da Menscha hots domols no net geba,
koi oizigs Tierle isch blieba am Leba.
Fuchzg Kilometer weit sen Stoiner gfloga,
weit hots ses gschmissa em hocha Boga.

A gewaltiger See em Krater enstand,
groaß ond rond isch woara dr Rand.
Wieder gont Milliona Johre vrbei,
dr Suevit isch entstanda ond a sumpfiger Brei.

Mitm Suevit hot ma später da „Daniel" baut
der heit en oser Rieas neischaut.
Vorher hon d Fluta da Rand durchbrocha,
ds Wasser isch en dr Wenz furtgloffa.

Mit dr Zeit isch wora a fruchtbarer Boda,
ma hot net miaßa Wälder roda.
Vieltausend Johr vor Christus gebora,
isch osra Hoimat besiedelt scho woara.

En de Offnethöhla ka ma d Spura no lesa,
offm Ipf, bei Bopfe, die Kelta send gwesa.
Römer warad do ond o d Alamanna,
des send diea Leit wo d Rieaser abstamma.

D Eger, flieaßt ohne Omuaß durchs Land,
d Schwalb treibt Mühla, des isch ja bekannt.
O d Mauch fliaßt rei vom nördlicha Saum,
d Rohrach plätschert ma höart siea kaum.

En da Jura hot se dr Forellabach graba,
en seim klara Wasser Fischla deant bada.
Chrischtgarta, isch wirkle a Paradies.
Nerdas isch schöaner, des isch ganz gwieß.

Schlösser ond Burga ka ma erkunda,
Burgställ on Ruine deants heit no bekunda.
Fürschtatümer ond Städte entstond,
Baura hon gschafft, o des ghöart betont.

Neizg Öarter zählt heit des schöane Rieas,
diea dr Türmer offm Daniel alle Tag grüaßt.
Voll Seäga send Ähra off wogende Felder,
vom Rieasrand grüaßat schattige Wälder.

48

Fleißige Leit ond stattliche Häuser,
alte Klöaster von de Karthäuser.
Kircha, Kapella, Bildstöck drzua,
ladat zom Raschta, Andacht ond Ruah.

Schlüsselbloama am Rand von de Gräba
Trollbloame, gelbe, leichtat drneba.
Amsla diea em Garta romschwänzla,
off Kukucks-Lichtnelka Schmetterling tänzla.

Bluatroater Mohn, em Feld vom Getreide,
Kornbloama, bloe, leichtet ends Weite.
Lerche schwengat se hoch en d Luft,
von gmähte Wiesa Heuernteduft.

Iris blühat en sumpfige Flecka,
Wiesastorchschnäbel da Wegrand bedecka.
Hahnafuaßblüata rengs om mi heär
dr Löwenzahn zwengt se durch Asphalt on Teer.

Oins muaße saga on des tuat mer weah,
Reäbheher habbe scho lang nemme geseah.
Fasana gibts nemme, des macht mer Sorga.
Was stirbt no allas aus, was fehlt os morga?

Koi Kibitz schreit, wann i loff durch d Felder,
wenger Vögel bewohnat diea Wälder.
Schwalbaneschter siech i kaum an de Maura,
des isch a Zuastand, ma muaßn bedaura.

Koi Jongvögelschnäbel aufgsperrt gar weit,
deane d Schwalba brengat Fuader zu zweit.
O Biene sommet selten em Garta,
am End sterbats aus, ma kas fascht vrwarta.

Os sollat herrscha, über Viecher ond Land,
der Auftrag isch aus Bibel dr bekannt.
Herrscha hoißt hüata, Tier ond Natur,
wann mers vergessat, kommts zor Blessur.

Trotz allam, i ben voller Hoffnung ond Fräd,
i glob zor Omkehr isch doch none d spät.
Aber lang, des isch gwieß, derf mer net warta,
dass bleibt oser Rieas a fruchtbarer Garta.

Ma könnt behaupta, doch feählt dr Beweis,
dr Garta von Eden, des Paradeis,
isch gwesa en oserm herrlicha Rieas.
Dank dr schöa, Herrgott, schöane Grüaß ausm Rieas.

Hoimat

Hoimat, wiea ka mas definiera?
leicht isch des net, i wills probiera.
Des isch do, wo mir kommt en Senn,
dasse sei mecht, wann i woanderscht ben.

Hoimat isch, wo i beim Stroß zamkehra
mit meim Nochber ka vrzähla.
Wo Kirchaglocka am Sonnte klenga,
s ganz Dorf mitnand tuat bäta, senga.

Hoimat isch, wo immer wieder
blüaht am Muadertag dr Flieder.
Wo ma froah a Lieadla sommt
ond dr Moiakäfer brommt.

Hoimat isch, wo raus vom Wald,
zmorngscht dr Kuckucksruf erschallt,
am Wegrand Bleamla leichtet hell,
en d Gräba gluckert s Wasser schnell.

Hoimat isch wo d Vögel pfeifa
ond em Garta d Äpfel reifa.
Wo ma Grüaß Gott sagt zo anander
ond Feschtla feiert mitanander.

Hoimat isch, wo d Felder gäba,
s Broat ond was ma braucht zom Läba.
Wo Baura schaffa off m Acker
ond Henna scharra mit Gegacker.

Hoimat isch, wann dr Gockel kräht,
Koiner künschtle auf sich bläht.
Wo Menscha reda ehrlich, frisch
wiea na dr Schnabel gwachsa isch.

Hoimat isch, wo draus em Garta,
a Arbat tuat off mi warta.
Do wo d Natur mit aller Kraft
wonderschöne Bilder schafft.

Hoimat isch, wo d Noat net isch,
alle Täg Essa offm Tisch,
net ferchte muaß, wann Tüar net gsperrt,
dass oim d Sach gar gstohla werd.

Hoimat des isch o dear Oart
wo ma höart a froidles Woart.
Wo ma spüart en Seal ond Herz
a wonnigs Gfühl, sogar em Schmerz.

Hoimat isch, do wo i ben,
wo guate Menscha om mi sen.
Vrzähla könnte do no Stonda.
Mei Hoimat hab i lang scho gfonda.

Lauber Heimatlied

Umgeben von Wiesen, von duftendem Feld,
da liegt meine Heimat, mein Dorf, meine Welt.
Es plätschert die Rohrach so rastlos dahin,
ringsum grüßen Wälder, in schattigem Grün.
Wo immer ich lebe, ich fest daran glaub',
:| der Herrgott im Himmel schaut mild auf mein Laub. |:

Und mitten im Dorfe seit uralter Zeit,
da stehet die Kirche, Margaretha geweiht.
Es laden die Glocken zu Dank und Gebet,
vom Turme hoch oben der Wetterhahn späht.
Wo immer ich lebe, ich fest daran glaub',
:| der Herrgott im Himmel schaut mild auf mein Laub. |:

Gern zieh' ich des morgens vom Dorf ins Revier,
dann fallen die Sorgen wie Nebel von mir.
Vom Ried klingt's so heimisch, die Lerche sich schwingt.
Die Ähren voll Segen sich wiegen im Wind.
Wo immer ich lebe, ich fest daran glaub',
:| der Herrgott im Himmel schaut mild auf mein Laub. |:

Von wo ich auch wandre, ins Dörflein hinein,
es grüßen Kapellen und laden mich ein.
Sie zeugen von Menschen voll Glauben und Mut,
o Laub meine Heimat mein kostbarstes Gut.
Wo immer ich lebe, ich fest daran glaub',
:| der Herrgott im Himmel schaut mild auf mein Laub. |:

Und wenn ich dereinst vor dem Himmelstor steh,
und mir meine Heimat von oben beseh',
dann dank ich dem Herrgott für dies Paradies,
und bitt für die Menschen im herrlichen Ries.
Beschütze das Leben in meinem Dorf Laub,
:| o Herrgott schau weiterhin gnädig auf Laub. |:

Das „stoanerne Kreiz"

(Das steinerne Kreuz).

Vorbemerkung:
Über das steinerne Kreuz an der Kreisstraße Laub ><
Wechingen ist nur wenig bekannt. Das Wenige, das
herausgefunden werden konnte, hat der Autor in eine
Geschichte eingebettet, so als ob das Kreuz selbst aus
seinem Leben erzählen würde.

Heiß brannte die Sonne vom Sommerhimmel. Der
Radfahrer, der von Laub kommend in Richtung Wechingen
unterwegs war, hielt an, um unter der Birke am Feldkreuz,
das unmittelbar am Straßenrand stand, Schatten zu suchen
und etwas auszuruhen. Er lehnte sein Vehikel an den
Baumstamm und setzte sich ins hohe Gras.

Erst jetzt fiel ihm das alte Steinkreuz auf, das arg
zerschunden, vom Zahn der Zeit zernagt und von seinem
eigenen Gewicht nahezu gänzlich in den Erdboden
gesunken war.

Kein Lüftchen regte sich. Die Birkenblätter hingen
staubbedeckt an den dünnen Zweigen. Es wurde plötzlich
ganz still ringsumher. Selbst der Straßenverkehr schien zu
erlahmen. Weder Autos oder Motorräder rasten vorrüber.

Da war es dem Rastenden, als ob das alte Steinkreuz zu
raunen begann, um leise und bedächtig, nahezu schüchtern
seine eigene Geschichte zu erzählen.

„Damals", so klang es kaum hörbar, "ja damals wurden
solche Kreuze, wie ich eines bin, meist dort aufgestellt, wo
die Söhne oder Töchter Adams eine schwere Verfehlung
begangen haben. Totschlag im Jähzorn oder andere Untaten,
zu denen Menschen in unbeherrschter Wut oder wilder
Leidenschaft fähig sein können." Es folgte eine längere
Pause, so als ob der uralte Zeitzeuge ins Sinnieren
gekommen wäre, er hob dann aber an, weiter zu erzählen.

„Ob ich aus solch einem Grund zur Sühne hierher gesetzt
worden bin, weiß ich nicht mehr. Es wäre natürlich
möglich" murmelte das Kreuz versonnen. „Aber ich kann
mich nicht daran erinnern."

Das Zwitschern eines Schwalbenpaares unterbrach einige
Augenblicke das Raunen des Erzählers. Der Radwanderer
lauschte angespannt und verwundert. Nach einer kurzen
Weile fuhr das Kreuz in ruhigem Ton fort.

„Die Menschen haben oft Probleme Grenzen, zu erkennen
und einzuhalten. So hat es immer wieder Streit gegeben,
weil diese vernunftbegabten Wesen von ihrer Begabung nur
selten Gebrauch machen", quoll es ein wenig vorwurfsvoll
aus den verwitterten Rissen des steinernen Erzählers heraus.
Die Erfahrung aus vielen Jahrhunderten wurde dem
Zuhörenden offenbar.

„Wenn sich die Grafen und Kurfürsten stritten, bleibt es nur
selten aus, dass sich auch ihre Untertanen in die Haare
kamen." Das Kreuz sagte dies ohne Groll.

Langsam hob es an weiter zu reden. „Oft waren die Verläufe der Grenzen durch von selbst entstandene Gräben, die sich seit Menschengedenken durch die Fluren zogen, oder uralte markante Bäume, Flussläufe oder Rinnsale bestimmt. An einen Grenzverlauf erinnere ich mich noch etwas. Ein Markstein stand beim Kronhof. Von dort lief die Grenze durch die Rohrach in Richtung Oettingen auf das Feld zu, das den Namen am Haggen hatte. Auch hier stand ein Steinkreuz, so wie ich eines bin, aber es existiert schon lange nicht mehr. Nun bildete einige Ackerlängen lang ein Weg die Grenzlinie. Nach dieser Strecke verlief sie der Lindach entgegen, an einem Rinnsal entlang, das in vielen Windungen die Landschaft narbte, direkt auf einen allein stehenden Haselhuft zu. Unweit davon stand ein von Jahrhunderten verwitterter Felberbaum, dessen lange, schmale, Blätter weit an den dünnen Ästen herunterhingen. (Felberbaum=schmalblättrige Weidenart)

Von diesem alten Gesellen", raunte der zerfurchte Stein „lief die Grenze über einige Wiesen auf die Rohrach zu. Ein Markstein, der mitten im Bach lag, und in vielen Jahren vom Wasser glatt geschliffen war, bildete den nächsten Markierungspunkt."

Einige Herzschläge lang hielt der Erzähler inne und es war, als ob ihm eine besondere Begebenheit eingefallen wäre. Der Mann im Gras hatte es richtig vermutet. Das Kreuz fuhr fort. „Eines Tages ließen die oetting'schen Grafen den moosigen Stein im Bachlauf herausreißen, um unmittelbar daneben am Ufer einen neuen Grenzstein aufzurichten. Aber bald darauf wurde der neue Markierungspunkt von kräftigen Männern auf Befehl des Kurfürsten herausgerissen und in tausend Stücke zerschlagen. Der alte Grenzstein wurde wieder dort ins Wasser geworfen, wo er nach Meinung des Kurfürsten hingehörte." An dieser Stelle konnte das steinerne Kreuz ein schelmisches Schmunzeln nicht verbergen. „Von diesem uralten, glattgeschliffenen Stein, der nun wieder friedlich im Wasser lag, lief die Grenze auf mich zu."

Einige Blumen lächelten durstig vom Ackerrain herüber. Der uralte Zeitzeuge begann zu grübeln: „Gräben sind verschüttet, Steine herausgerissen und zerschlagen worden. Der uralte Felberbaum, dessen Wolle sich oft wie Schnee auf meine müden Arme legte, ist verfault." Das Kreuz verfiel in ein düsteres Schweigen, um bald stockend weiter zu reden.

„Wenige Jahre später, als der unglückselige Krieg begann, der 30 Jahre lang das Land heimsuchte und Not, Hunger, Krankheit, Pest und Leid als schlimme Gefährten mit sich führte, feierte der Tod eine reiche Ernte. Mich bekümmerte diese Zeit bis in mein steinernes Herz hinein, da ich mit ansehen musste, wie viel Unglück der Krieg über viele rechtschaffene Menschen ausgoss. Und wie es so ist, wenn zwei sich streiten, dann wittern andere die Möglichkeit, aus diesem Zwist einen eigenen Vorteil herauszuschlagen und scheuen sich nicht, ihr vermeintlich machtvermehrendes Süppchen zu kochen. Längst war aus der geistigen Auseinandersetzung um die richtige Lehre im christlichen Glauben ein politischer Machtkampf entbrannt."

Das steinerne Kreuz schwieg eine kurze Zeit voll Bitternis. Dann hob es mit unüberhörbarer Hoffnung in der Stimme erneut an. „Aber auch daran erinnere ich mich genau; immer wieder hat es Menschen gegeben, die redlich versuchten, Recht und Gerechtigkeit zu schaffen. Um Streitigkeiten vorzubeugen wurden im Jahre 1596 Weidekreuze errichtet", drehte der Stein das Rad des Zeitenlaufs noch einmal zurück. „Diese Kreuze waren aus Holz gefertigt worden. Gleichwohl kam es immer wieder zu erheblichen Unstimmigkeiten, die zu jahrzehntelangen Streitigkeiten zwischen den Dörfern Wechingen und Schwörsheim auf der einen und Laub auf der anderen Seite führten. In dieser Zeit, als besagte Holzkreuze gesetzt worden sind, regierte über Wechingen und Schwörsheim Graf Ludwig Eberhard von Oettingen, indessen Laub unter der Fuchtel des Kurfürsten Ludwig in Pfalz Neuburg stand. Der lange Krieg und die vorausgegangene Spaltung der Bevölkerung in zwei von gegenseitigem Hass erfüllte Konfessionen hat das friedliche Nebeneindaer der Dörfer zerstört." Die Stimme des Steinkreuzes klang traurig und bitter zugleich.

„Besonders heftig war der Zank und die Zwietracht zwischen den Jahren 1686 und 1697. Die Not der einfachen Bauern war groß und das Weiderecht für das Vieh war von existenzieller Bedeutung. Zeugen aus allen Dörfern versuchten ihren Standpunkt zu untermauern. Indes dauerte es bis zum Jahre 1697, ehe eine friedliche, für alle Seiten befriedigende Lösung gefunden wurde. Begonnen hatte der damalige Streit schon im Jahre 1686. Die Wunden, die der 30-jährige Krieg geschlagen hatte, waren noch lange nicht verheilt, wenngleich sich vielerorts doch nach und nach die Vernunft durchsetzte.

Fürst Albrecht Ernst von Oettingen und Kurfürst Johann Wilhelm in Pfalz Neuburg regierten, als die neuen Weiderechte in Kraft traten.

Seit vielen Jahrhunderten stehe ich nun hier unbeachtet von den vorbeihastenden Menschen. Wen interessiert schon meine Geschichte, wen all das, was ich gesehen und erlebt habe? Ich bin ja nur ein Stein."

Ein kühler Windhauch säuselte vom Eichholz herüber. Die Sonne stand bereits tief im Westen. Jubilierend stieg ein Vogel noch einmal in den Abendhimmel hinauf, um sich wenige Flügelschläge später in sein Nest zurückfallen zu lassen. In der Ferne ratterten irgendwelche Maschinen. Ein Bauer kam mit seinem Fuhrwerk den Feldweg heraufgefahren. Der Straßenverkehr erwachte erneut, lärmend und rastlos wie unsere Zeit.

Der Mann am steinernen Kreuz hatte die Augen geschlossen, als er der Geschichte lauschte. Lange, nachdem das Kreuz geendet hatte, saß er noch in Gedanken auf dem trockenen, grasbedeckten Ackerboden. Verwirrt schüttelte er seinen Kopf und wischte die vom Schweiß angeklebten Haare von seiner Stirn. Es klang ärgerlich, als er vor sich hin brummte: „Als ob ein Stein reden könnte."

Er schwang sich auf sein Fahrrad, trat kräftig in die Pedale und fuhr fort.

„Wenn Menschen wirklich hören könnten, würden sie vieles besser verstehen." So sinnierte das alte Steinkreuz vor sich hin und blickte lächelnd zu dem im Jahre 1996 neu

errichteten Feldkreuz hinauf, das vom evangelischen Pfarrer
Bär aus Wechingen und dem indischen Karmeliterpater Dr.
Joseph Thekkumkal, der die katholische Pfarrei Laub
betreute, in einer gemeinsamen Feier gesegnet worden ist.

Ahorns Klage

Ich bin ein kleiner Baum ja nur!
Damit ich groß einst werde,
wurde gepflanzt in die Flur,
auf dieser schönen Erde.

Doch schon beim ersten Maienwind
als grünte frisch mein Haupt
da kam ein dummer Mensch geschwind
hat meine Kron' entlaubt.

Von Altöl! Feuer! o welche Not!
bedrängt sah ich mein Leben,
der Unhold wünschte meinen Tod,
welch dummes freches Streben!

Der Sommer dörrte mein junges Holz,
die Blätter trieb der heiße Wind,
ich starb so jung, voll Kraft und Stolz,
leidend wie ein Menschenkind.

Doch meine Wurzeln im Erdenschoße,
die das kühle Wasser saugten,
trieben frische grüne Sprosse
nebst dem Stamme dem entlaubten.

Ich wuchs heran mit frohem Herz,
trieb schon Äste zaghaft aus,
da fügt man wieder zu mir Schmerz
riss junge Zweige roh mir aus.

Die Lerchen auf dem weiten Feld,
vergaßen ihre Lieder,
beweinten diese rohe Welt
und kamen niemals wieder.

Doch mein Leben brach sich Bahn,
ertrug die schwere Bürde,
trotzte diesem schnöden Wahn,
damit ein Baum ich würde.

Frisches Blattwerk brach sich Bahn,
mein Stamm wuchs freudig himmelan,
da naht mein Feind im blinden Wahn
zerstört des Schöpfers guten Plan.

Ich kenne dich, ich sah dich wohl!
Du Schänder der Natur!
Ich weiß dein Kopf ist leer und hohl,
du bist die Dummheit pur!

Erneut hast du mich angegriffen
und meinen Gipfel roh gerissen,
in mein Wachstum eingegriffen,
Ist es Feigheit? Frag dein Gewissen!

Was treibt dich um? Sag dein Motiv!
Wem willst du damit schaden?
Dein Hass sitzt offenbar sehr tief.
Ich schenke dir Luft zum Atmen.

*Ein am Ackerrain gepflanzter Ahornbaum wurde immer wieder
mutwillig beschädigt. Das Motiv des Täters blieb unbekannt. Um sein
törichtes Tun anzuprangern, wurde diese Gedicht geschrieben.*

Das Geständnis

So wia i ghöart hab hot amol,
es isch vor etle Johr scho gwesa.
Zuatraga hot sich dozomol,
diea Gschicht, ma kas iatzt onta lesa.

Em Wenter wars, so wurd gredt,
isch a Schulfräulein nui herkomma,
ihr Wunsch war diea Versetzung net,
vom Norda kommts hot ma vernomma.

Glei nochm Krieag en schwere Zeita,
hot siea ihrn Dienst aträta miaßa.
Diea Rieaser Sproch hots kennt net leida
ond Kender hont des miaßa büaßa.

I sags wieas isch, ma hots net gmecht,
obwohl siea hot viel Müah sich geba.
Was siea o to hot, nix war recht.
Fers Fräulein war des koi schöas Leba.

Am Aftermede zmorngscht isch gwesa,
hots d Schulhaus aufgsperrt, scho beizeita.
Wieas Schnee weg raumt mit am Besa,
siechts ihrn Nama scho von weita,

deitle en da Schnee nei gschrieba.
Stot net mit bloer Tent do drin,
diea Schrift isch deitle gelblich gwesa,
siea war gschrieba mit Urin.

64

Alle Kender lasst s atreta,
bevor diea easchte Schulstond isch,
frogt streng ond zorle glei an Jeda,
ob er dr Täter gwesa isch.

s Fritzle wurd rot, bis henter d'Ohra:
„Bieslt hab i, so gstott er ein,
doch gschrieaba isch dei Nama woara,
von Korbinian s Schwester, dr Kathrein."

Fremdwöarter

Fremdwörter standad offm Pla.
Dr Schullehr frogt wer saga ka
Wöarter die mit „ös" deant enda,
der soll sei Wissa glei verkenda.

Off dr Stell hot nocht ganz keck,
sei Had weit en d Höah naufgstreckt
dr kloine Heiner ond schreit glei,
dass porös a sotts Woart sei.

Dr Lehrer hot da Heiner globt
ond wiea er so end Klass nei gschobt,
send alle Andre o aufgwacht,
hont voller Eifer guat mit gmacht.

Pompös schreit em Wirt sei Mina.
Nervös fällt ei der Katharina.
Skandalös ruaft des Fritzle laut.
Muskulös, der Metzgerbua ond kaut,

offm Rest vom Pausabroat
ond vom Pressack, der war roat.
Ominös, tuat s Mariele kund.
Religiös ihra Schwester, d Kunigund.

Ruinös ghöart o drzu
so meldet sich a kloiner Bua.
Kapriziös sagt diea schüchtra Dora
ond isch a bissle roat no woara.

Doch zmol wurds ruhig es isch vorbei,
koim Kend fällt nommol ebbas ei.
Dr Schullehr moit, dass er zfrieda isch,
wann oi Wort käm no off da Tisch,

wo ös am Ende danna stott.
Koi Ked hat gwisst was saga sott,
obwohl siea alle fescht nochdenka,
ei weiters Wort könnats net fenda.

Do meldt se no vom Bänkle henta
dr kloine Sepp, ond tuat verkenda,
dass oi Wort no vergessa hont,
des koiner gwisst die ganza Stond.

Dr Lehrer ond o alle Kender,
gschobat iatz zom Sepp glei henter
ond der verkündet bravourös,
des wichtigschte send **Erdbiraklös.**

Vagabonda

Drei jonge, freche Vagabonda,
send zoga durch des weite Land.
D Arbat hont diea net erfonda.
En jeder Stadt sends scho bekannt.

Lustig waras jederzeit.
Gsonga honds wia d Stara,
zo jedem domma Streich bereit,
beim Trenka deants net spara.

Dr Honger hots heut wiedr plogt,
knurra höart ma d Mäga,
hont noch ra Brotzeit se omgschobt,
a Vesper wär a Säga.

Doch weit ond broit koi Apfelbom,
koi Bächle lädt zom Fischa
ond Henna loffat o koi rom,
dia ma auf könnt tischa.

Em Schatta von am Lindabom
deants a bissle raschta,
a Mittagessa wär net domm,
doch heit, do müaßats faschta.

Wias weiter zieagat durch an Wald,
es droht a Reägaschauer,
sehats offm Weg scho bald,
a hoacha Klostermauer.

I glob, dass do Kapuziner lebat,
so tuat der erscht sei Wissa kond.
Die müaßat os zom Essa geba.
Wie wärs wammer zo dene gond?

Vielleicht ischs besser nochanand,
teant sie mitnand dischkriera,
es wär fers Kloster doch a Schand,
wann diea os abserviera.

Dr Erschte sagt: I wers probiera,
ziagt Glock fescht an dr Pforte,
tuat se dobei net scheniera,
Tür got auf, ohne viel Worte.

Es dauert nor a Viertelstond,
do kommtr wieder zruck,
verzählt, dass diea ehm geba hont
a ganz groß Teller, voll mit Supp.

Was hosch gsagt, was hosch erfonda,
dass hont a Supp gstellt aufn Tisch?
Vrzählt hab i, dass em Rheinland donta
mei Onkel Kapuziner isch.

Do fasst dr Zwoita o sein Muat
ond got ans Tor, ziagt Glocka,
Heiliger Ma, sei so guat,
gib mir a Broat, an Brocka.

A knappa Stond isch verganga,
nocht kommt er wieder raus.
Mir isch wirkle prächtig ganga,
hab leba könnt en Saus ond Braus.

Blaukraut, Knödel, Sauerbrota
hab i essa derft am Tisch.
I hab de Männer glei verrota,
dass mei Bruader Kapuziner isch.

Dr Dritte stützt se auf sein Stecka.
Iatzt packes o, so hotr brommt.
Diea wärad doch net glei vrschrecka
wann scho wieder oiner kommt.

Es dauert nor a kurza Zeit,
über d Mauer kommtr gfloga,
verflucht honts ehn, vermaledeit
ond des isch wohr, gwieß net gloga.

Ma muaß saga an der Stell,
dr Kamerad hot leid na toa,
er war freile net bsonders hell,
drom hotr krieagt an sotta Loah.

Was isch passiert, was hosch verbockt,
dass siea hont gar so zugsetzt dir?
I bin scho vor ra Brotzeit hockt,
bei Schinka, Brot, Pressack ond Bier.

I glob des honts mir übelgnomma,
dass i verzäht hab deane glei,
es war vielleicht a Red a domma,
dass mei Vater a Kapuziner sei.

Das Blumenalphabet

Aster

Im Kreuzworträtsel oft gefragt
sie blüht im Herbst so wird gesagt
Die Aster ist da sehr beliebt
weil sie dem Garten Farbe gibt.

Begonie

Schiefblatt wird sie auch genannt
und ist bekannt in Stadt und Land
Begonien gibt's in 12-tausend Sorten
drum blüht sie auch an vielen Orten

Chrysantheme

Im Frühjahr pflanzt man sie gern ein,
wenn wärmer wird der Sonnenschein
Beliebt ist die Chrysanthem(e)
sowohl beim Volk und der Bohemè

Dahlie

Sie zieht ihre Schönheit aus der Knolle
die man eingräbt in die Scholle
Dahlien zaubern Freude auf die Miene.
Ihr Name ist auch Georgine.

Edelweiß

Die schönste Blume singt ein Lied
das Edelweiß, am steilen Fels erblüht.
Wie Samt ist der Blütenstern
den Bursch und Mädchen haben gern.

Fuchsie

Als Zierpflanze ist sie sehr begehrt
derhalben ist sie hoch verehrt.
Die Fuchsie muss man pflegen
dann bringt sie Freud und Segen.

Gerbara

Ihre Blüten leuchten wie goldne Kronen,
die Pollen ähneln Kaffeebohnen.
Die Gerbera ist sehr beliebt,
sehr oft man sie in Vasen sieht.

Hyazinthe

Ihre Heimat ist der Orient,
doch auch hier sie jeder kennt.
Das Herz erfreut die Hyazinthe
vom Januar bis zum Maienwinde.

Iris

Sie ist geschützt in der Natur
eigenwillig ist die Kontur
der wunderschönen Irisblüte
dass man sie schütz, Gott behüte.

Mohn

Als Klatschmohn ihn ein jeder kennt,
wenn er am Ackerraine brennt,
wie der Abendsonne Glut,
so herrlich rot wie Milch und Blut.

Krokus

Hat die Sonne den Schnee aufgeleckt
der Krokus schon seine Blüte hochreckt,
kündet den Frühling mit sonnigen Tagen,
Winter ade, dürfen wir sagen.

Lilie

Viele Wappen führen sie auf dem Schilde,
ist Zeichen der Reinheit, Schönheit und Milde.
Die Lilie ist oft der Heiligen Zier,
selbst Salomons Pracht gleichet nicht ihr.

Maiglöckchen

Der Duft ist betörend, die Blüten sind klein
weiß sind die Glöckchen, zierlich und fein.
Mairöschen werden sie auch oft genannt.
Sie blühen im Mai das ist wohl bekannt.

Narzisse

Osterglocken und Narzissen,
wie wir sicher alle wissen,
sind anspruchslos und sehr robust.
Man pflanzt sie an mit großer Lust.

Orchidee

An der Schönheit von Orchideen,
kann der Mensch sich satt nicht sehen.
Wer sie pflegt mit Leidenschaft,
wird belohnt und sein Herz lacht.

Pfingstrose

Sie blühet in den Pfingstfesttagen
die Stengel kaum die Blüten tragen
prachtvoll, üppig schaut die Pfingstrose
aus dem Garten und dem Hofe.

Quendel-Sandkraut

Die Heilige Hildegard von Bingen
konnte von ihm ein Loblied singen.
Quendel-Sandkraut blüht bescheiden,
gilt als Arznei bei Frauenleiden.

Rosen

Unzählig viele Rosenarten
duftend blühn in Park's und Gärten.
Die Blume der Liebe wird sie genannt,
wer Rosen schenkt gilt als galant.

Silberdistel

Zur Blume des Jahres auserwählt,
heut' zu den geschützten Pflanzen zählt.
Die Distel hält, wenn Petrus grollt.
die Silber-Blüte eingerollt.

Tulpe

Die Türkei ist ihr Ursprungsland,
in Holland ist sie sehr bekannt.
Die Tulpenblüte lockt, das ist wahr,
Besucher, tausendfach im Jahr.

Usambara

Mit dem Veilchen nicht näher verandt
aus Tansania das Usambara stammt.
Vor Kälte muss man die Pflanze hüten
klein, samtig, blau sind die Blüten.

Vergißmeinnicht

Es nahm den Herrgott in die Pflicht,
er möge es vergessen nicht.
Die Blüten sind wie Augensterne.
Vergißmeinnicht, bitten Verliebte gerne.

Windröschen

Zephyr, dem Gott des Windes im Altertum,
nahm seine Gattin es sehr krumm,
als mit Anemona er anbandelt,
hat in ein „Windröschen" sie verwandelt.

Xeranthemum

Die Blüte ist fein strukturiert
Festtische deshalb sie oft ziert.
Papierblume sie die Leute nannten.
Xeranthemum zieret oft Girlanden.

Yucca-Gloriosa

Hoch wächst die Blütenrispe in die Luft,
sehr angenehm ist auch ihr Duft.
Nässe kann der Yucca schaden,
überlebt jedoch bei Minusgraden.

Zinnie

Sie hungert sehr nach der Sonne
farbenreich blüht sie mit Wonne
Zinnien zieren jeden Garten
natürlich gibt es viele Arten.

Gedankenfragmente

Einsicht und Versprechen

Man sieht nur mit dem Herzen gut!
Was wesentlich bleibt unsichtar,
den Augen meist verborgen.
Daraus erwächst vielleicht der Mut,
sich nicht zu fürchten vor dem Morgen.

So mancher zieht mit scharfem Blick
Profit aus den Gebilden
und ordnet nach dem Preise,
mit realistischem Geschick,
in kaufmännischer Weise.

Und sieht nicht blühen am Wegesrand,
die Blumen in buntem Kleide.
Hört nicht das Wispern leise.
Die Liebe faßt nicht der Verstand,
allein das Herz ist weise.

Ein Mensch, den seine Seele zwingt,
das Göttliche zu suchen,
um Gutes zu vollbringen,
erkennt, dass solches nur gelingt,
im stillen Opfer bringen.

Kein Buch, kein Orden oder Stein
ehrt solche guten Taten
und Dank wird oft vergessen.
Das Herz erkennt den Wert allein.
Nur Liebe kann ihn messen.

Zu selten sage ich es dir
und dies macht mich betroffen.
Weil es doch tief im Herzen glüht,
ja das Gewissen drängt in mir
zu zeigen dass die Liebe blüht.

Die Lippen oft der Alltag lähmt.
Geschlossen bleibt der Mund,
weil Pflicht die Zeit zertrümmert.
Gewiss ist oft dein Sinn verbrämt,
wenn das Gespräch verkümmert.

Drum will ich von der Seele schreiben,
was mein Herz bewegt.
Dir dankbar anvertrauen:
Du sollst mein liebster Schatz stets bleiben,
und Gottes Wegen trauen.

Der Weg ist das Ziel.

Der Weg ist das Ziel!
So hab ich's gehört.
Mich hat die Rede aber gestört.
Der Weg ist mehr, er ist ja soviel.

Der Weg ist Entscheidung,
Mühe, Freude und Lust,
Frohsinn, Erfolg und lähmender Frust,
Alleinsein oder Begleitung.

Der Weg ist die Pause,
die stärkende Rast,
erquickende Ruhe, eilende Hast.
Schritt in die Welt, Rückkehr nachhause.

Der Weg ist das Staunen
über alles was ist,
ist Sorge und Leiden, Trug oder List
und der Wälder geheimes Raunen.

Der Weg ist der Berg und das Tal.
Der reißende Strom der glucksende Bach,
unter des Himmels ewigem Dach,
das Wogen der Ähren und die Äcker kahl.

Der Weg ist Verblendung, Eitelkeit,
oft Strecke zum bitteren Ende,
ist Vollendung, wenn gelinget die Wende.
Der Weg führt hin zur Ewigkeit.

Ein Weg führt sicher hin zum Ziel,
er führt vom Auge zum Herzen, zur Seele.
Der Umweg Verstand, verfehlet
oft, die glückliche Ankunft am Ziel.

Der Mensch en seinem Widerspruch

Was isch denn loas en osra Zeit?
Hent ond vorna fehlat d' Leit.
B'sonders sotte, dia was kennat,
ond o ebbas ferte brengat.

Em Fernseah ond em Radio,
überall isch d' Red dr'vo.
O Zeitong schreibt des alle Tag
em ganza Land hört ma dia Klag.

Von außa muaß mas holla gschwend,
weil's bei os so rar zmol send.
Dia Allerbeschte müaßats sei,
andre loss mer nemme rei.

I wois net recht, wia solles saga,
es isch mer net recht wohl em Maga.
Wann mir dia Guate lockat hear,
noch hond's dia andre Länder schwear.

Nocht got nix vische, sia fehlat do,
en Afrika, ond wois Gott wo.
Drom will i ebbas iatzt probiera,
ond mein Gedanka etabliera.

Brauch me weiter o net ziera,
hab koin Poschta zom verliera. --
Die Ungeborne breng mer om!
Drom frog i halt: isch des net domm?

Ma hört em Land do kaum drvo,
ond Media schweigat uniso.
Es send entzwischa Milliona!
Dr' Staat hilft d'rzua, mit Subventiona!

Wenige Menschen sorgen dafür,
dass etwas geschieht.
Vielen Menschen ist gleichgültig,
dass nichts geschieht.
Viele Menschen sehen zu, wie
etwas geschieht, und die
übrwältigende Mehrheit hat keine
Ahnung was geschieht.

unbekannt

Herz und Verstand

Sie sitzt im Zimmer, ist ganz allein,
grübelt und horcht in sich hinein.
Nagende Sorge, sie wird immer banger,
der Test hat bestätigt, seit 6 Wochen schwanger.

Im Innern entbrennt ein heftiger Streit,
Herz und Verstand sind bitter entzweit.
Du stehst so kurz vor deinem Examen,
lenke dein Denken in vernünftige Bahnen.

Es ist nur ein Klumpen, kein richtiges Leben,
besteht nur aus Zellen, oder Geweben.
Lass dich beraten und hole den Schein
es ist noch kein Mensch, ist winzig und klein.

Sein Vater erst gar nicht wissen es muss,
verschweige es ihm, es gibt nur Verdruss,
so hört sie schon ihre Freundinnen sagen.
Freiheit liebt er, nicht Verantwortung tragen.

Endlos flüstert der Verstand,
du hast es noch in deiner Hand.
Es gibt genug Ärzte, sind spezialisiert,
zu helfen, wenn Frauen so was passiert.

Eine Weile herrscht Stille, die Ratio lauert,
da regt sich das Herz, leis und erschauert.
Bedenke, die Hilfe, die sie dir geben,
verlangt als Preis ein Menschenleben.

Es muss doch andere Auswege geben.
Das Kind wird sein, Freude und Segen.
Stütze und Trost in späteren Tagen,
Trost und Licht, wenn die Kräfte versagen.

Wenn in Trauer deine Seele nie schweigt,
und stetig die Reue, deinen Irrtum dir zeigt.
Wer steht dir zur Seite, dann bist du allein,
das kann doch dein freier Wille nicht sein.

Dein Bauch gehört dir, lockt der Verstand
du lebst doch frei in deinem Land.
Es ist nicht erlaubt, doch von Strafe frei,
was dich daran hindert, ist Gefühlsduselei.

Es ist dein Bauch, das bestreite ich nicht
erwidert das Herz ganz leise und spricht.
Was du sagst ist nicht was du denkst dir dabei,
dein Verstand geht an der Wahrheit vorbei.

Du sagst, dass dein Bauch dein Eigentum ist
und meinst du darfst töten in gemessener Frist.
Du irrst gewaltig, liegst völlig daneben.
Es ist ein Mensch, mit dem Recht zu leben.

Deine Sprache verrät dein schändliches Denken.
Du verhüllst was du meinst, um abzulenken.
Bestimmst, ab wann ein Mensch ein Mensch ist
und setzt mit Willkür eine bestimmte Frist.

Im Herzen pocht, wallend das Blut,
geduldig bekämpend die innere Glut.
Opfere dein Kind nicht deiner Karriere,
der bessere Weg ist immer der Schwere.

Töten kann niemals die Lösung sein.
Du schaffst es, denn du bist nicht allein.
Hilfe muss die Gesellschaft dir geben.
Wähle das Leben, das Leben, das Leben!

Sie lauscht ergriffen dem Streit der Beiden,
fragt sich verzweifelt, wie soll ich entscheiden.
Da treten ins Zimmer, ihre Mutter, ihr Vater
und werden schweigend zum guten Berater.

Umfangen ihr Kind mit liebenden Armen,
schauen es an mit Blicken, ganz warmen.
Vor Glück, ganz plötzlich, jede Träne versiegt.
Sie wählt das Leben, das Herz hat gesiegt.

Der Rastlose

Er hat ständig Termine, ist immer am Eilen,
kennt keine Pausen, auch kein Verweilen.
Kennt nur rennen, jagen und hasten,
hat niemals Zeit, um zu rasten.

Er ist überall er tut seine Pflicht,
an Ruhe zu denken, dazu kommt er nicht.
Staatenlenker, Prominente, Präsidenten hofieren,
muss stetig sein Image aufpolieren.

Mit Düsenmaschinen fliegen zum fernsten Ort,
was er sagt hat Gewicht, jedes einzelne Wort.
Die Börse reagiert auf das Spiel seiner Miene.
Er gilt als Experte für Straße und Schiene.

Waffengeschäfte einfädeln, im Geheimen,
erntet Koffer, gefüllt mit Scheinen.
So fallen Bomben auf Muslime und Christen,
dies alles, nur um Frieden zu stiften.

Kongresse, Tagungen, Probleme beraten,
durchziehen sein Leben, am roten Faden.
Er hält große Reden, über Gott und die Welt,
in Hallen, auf Festen, im Feuerwehrzelt.

Er ist präsent in Fernsehrunden,
früh schon am Morgen, in den Abendstunden.
Um geschliffene Antworten ist nie er verlegen,
um seine Meinung zur Pflicht zu erheben.

Bei vielen Konzernen im Aufsichtsrat,
vom Norden nach Süden reicht sein Spagat.
Im Osten und Westen, vielen Kongressen,
beim Lindern der Not durch Benefiz-Essen.

Er ist überall, er darf nirgends fehlen,
was immer auch ist, auf ihn kann man zählen.
Zu Gast in den Slums bei hungernden Kindern,
verspricht er ganz fest ihre Leiden zu lindern.

Sogleich eilt er, mit energischem Schritte,
zum Opernball hin, das ist halt so Sitte.
Jovial lächelnd, Champagner im Munde,
erhaben durchschreitend die prunkvolle Runde.

Winkt gönnerhaft zu, den tief Dekoltierten
und ihren Gatten, den hoch dekorierten.
Verteilt Komplimente, er ist so charmant,
man hat eine Rose nach ihm erst benannnt.

Zum Schlafe bleiben nur wenige Stunden,
die ganze Welt wird durch ihn gesunden.
Er kennt kein Rasten kein erholsames Ruhn,
man könnte, man müsste, man sollte was tun.

Reicht das Wollen, das rastlose Rennen?
Die Tat ist Massstab, um den Wert zu erkennen.
was nützen die Worte, der schönste Rat,
wenn den Plänen nicht folgt die sinnvolle Tat.

Atemlos rennt er mit großem Eifer,
gefangen in Hektik, giftigem Geifer.
Er ist überall wo immer es sei.

Gestern, bei seinem Begräbnis, er war dabei.

Oiner alloi ka net sei

Es git koin Menscha off dr Welt,
der net off andre a isch gwiesa,
o wann er hot an Haufa Geld,
er könnt net sei, des isch bewiesa.

A Muader sagt zo ihrem Bua:
„Loff zom Bäck ond hol a Broat,
zahl's, nemm da Loib ond dank drzu."
Wo Broat em Haus, do isch koi Noat.

S' Büable lofft zom Bäcka gschwend
sagt: „Dankschöa" zo der Fro em Lada,
wiea er s'Brot hot en de Händ.
„Zom Bäcka muasch du danke saga,

der hots gformt en aller Früah,
i verkoffs nor en seim Lada,
der hots gmacht mit groaßer Müah.
Dank du deam, es ka net schada."

Dr Bua isch en d' Backstub gloffa,
wollt do sein Dank a brenga glei,
hot da Ma am Ofa troffa
der moint: „Dass des net nöate sei.

Em Müller, Fritzle, Dank muasch brenga,
wall ohne Mehl ka i net bacha,"
tuat nebazu a Liedle senga
ond voller Fräd drzu no lacha.

91

Do sprengt dr kloine Ma zor Mühl,
dankt, ond spürt da Duft vom Kora.
„Bua des isch dr Eähr zuviel,
d'Müller wärad ohne Troad verlora.

Wann dr Fuhrma brengt net d' War
muaß i s'Mühlrad ruah lassa,
wär a armer Ma sogar,
könnt en d'Säck koi Mehl net fassa.

Drom Fritz, Bua, gang zo ehm na
ond breng die Ehr deam's o gebührt
weil i ja soscht net mahla ka
wann er s'Troad mir her net füahrt."

Glei isch dr Bua zom Fuhrma gloffa
der hot grad sei Gäul a'gspannt
bei seiner Arbat hotrn troffa
Goißel scho en seiner Hand.

„Fuhrma, gell i dank dir recht
weils Kora du en d'Mühl tuasch fahra.
sags weiter, o zo deine Knecht
tua s'Fuader bei de Ross net spara."

Glei drauf hot dr Bua vernomma:
„Glob mers Fritz i mach des gära
wär soscht om mei Arbat komma
mi brauchsch du drhalb net eahra.

Was könnt i füahra, wenn der Bauer
d'Saat net säat en diea Scholla
bei Sonnaschei ond Regaschauer
wo könnt i s'Kora her nocht holla?"

Muaß i dem mein Dank no brenga
kommt em Buaba dr Gedanka
tuat zom Baurahof na sprenga:
„Bauer i will mi bedanka,

wall du hosch des Feld bestellt."
Do lacht dr Bauer ner drzua:
„Des isch mei Arbat off dr Welt,
isch mei Beruf du liaber Bua.

Doch wachsa lassa ka i net,
des muaß a Andrer fertebrenga,
deam muasch danka em Gebet
ond froah dei Lobeslieader senga."

Zom Feldkreiz lofft dr kloine Ma
ond sagt so froidle wie ner ka:
„Herrgott du ghörsch allweil priesa,
wall ma off anander a isch gwiesa.

Do gschobt dr Bua zo Hemmel nauf
ond fasst drauf den Gedanka:
„Wall i a Broat zom essa kauf
muaß ma se o bei mir bedanka."

Alloi em Wald

Off am Waldweg ben i gloffa,
ganz alloi am Nommetag,
koin Menscha hab i a do troffa,
von fern höre an Glockaschlag.

Dr We(n)d stroift durch hoche Fichta,
sengt sei Lieader en de Gipfel,
a Sonnastrahl tuat Bämm belichta,
Wildtauba gurrat off de Wipfel.

Würzig schmeckt diea guata Luft.
Am Ufer von ra Wasserrenne,
verströmat Blömla ihrn Duft.
Frei von alle Sorga benne.

Hoch am Hemml ziagt sei Bahna,
a Bussard, späht offs weite Land,
Wolkabänder gleichat Fahna.
Wo flieagats na, en welches Land?

Am Wegrand stott a Ba(n)k, a alta,
halb verfault, eigwachsa mit Moos,
lädt nemme ei zom enna halta.
Siea zoigt was aller Dinge Los.

A zeitlang bene standa blieba,
fang langsam a zom sinniera,
d Nuigier hot me weitertrieba.
Möcht nuie Sacha no studiera.

A Käfer lofft über da Weg,
haschtig, voller Tatadrang.
Mir kommt en Kopf, i überleg.
Warom lofft der grad do entlang?

Was isch sei Aufgab off dr Welt?
Was hot der vor, wo will der na?
Woiß gwies dass onterm Hemmlszelt,
koi Mensch a Antwort geba ka.

Was z wissa git, des isch a Meer.
Os Menscha kennat nor an Tropfa
ond doch redt mancher gscheit drher,
off d Fenger sott ma sotte klopfa.

Vögel fangat a zom Senga,
Stauna drengt durch mein Senn,
wall oser Wissa ka net brenga,
d Antwort, warom i leb ond ben.

Da Frieda muasch em Herza fenda.
Von do aus muaß er naus end Welt.
Em Kloina d Feindschaft überwenda.
Am End ischs des, was os fehlt.

Des hab i glearnt von dr Natur.
Loas lassa muasch, denk i drbei,
halt nix fescht, sei net stur!
Wer loas lasst, der hot d Hände frei.

Zeitmangel

eine fiktive Erzählung mit zwei Lösungsansätzen

Schon vor Jahren hat die Weltgesundheitsorganisation gemeldet, dass vermehrt Menschen durch Suizid aus dem Leben scheiden. Immer häufiger würden Fälle auftreten, die auf das sogenannte Burnout-Syndrom hinweisen. Physische und seelische Erschöpfung nähmen immer mehr zu.

Seitdem schrillen die Alarmglocken bei Ärztekammern, Ministerien, Gewerkschaften, Kirchen, Wirtschaftsverbänden, Wissenschaftlern und Krankenkassen.

Viele Spezialisten fingen an das Phänomen zu erforschen. Ein Gremium wurde gebildet, das den Ursachen dieser Entwicklung nachging und Vorschläge erarbeitete wie gegengesteuert werden könnte. Es setzte sich zunehmend die Erkenntnis durch, dass immer mehr, in immer weniger Zeit, die Menschen überfordert, auslaugt und krank macht. Der Mensch befände sich in einem Karusell, das sich immer schneller drehe.

Wie kann diesem Problem begegnet werden?

Da kam einem jungen Professor ein genialer Gedanke.

Er führte aus, dass sich die Erde mit einer Geschwindigkeit von 1670 km/h um sich selbst dreht. Bei einem Umfang von grob gerechnet vierzigtausend Kilometern bedeutet dies, wiederum einfach gerechnet, dass sie für eine Umdrehung vierundzwanzig Stunden benötigt.

„Na und", spottete ein Wissenschaftler, „das ist doch hinreichend bekannt. Das lernt man doch schon in der Grundschule." Aber der junge Professor ließ sich nicht beirren, missachtete das hämische Grinsen seiner erfahrenen Kollegen und fuhr fort.

„Wenn wir es fertig bringen würden, dass sich die Erde langsamer dreht, wären die Tage doch entsprechend länger. Könnte man die Geschwindigkeit nur um elf Prozent verringern, würde jeder Tag anstelle vierundzwanzig Stunden, siebenundzwanzig Stunden dauern."

Den erfahrenen Wissenschaftlern fielen die Kinnladen herunter und die kirchlichen Würdenträger blickten sorgenvoll nach oben.

Die Diskussion begann.

Ein Finanzstratege meldete sich zu Wort und forderte, die Einrichtung eines Fonds, in den alle Bürger einzahlen müssten.

Die Sozialpolitiker wendeten ein, dass diese Beiträge sozial verträglich sein sollten.

Andere meinten, dass die Nato, die NASA und natürlich die UNO, einzuschalten seien. Auch die Blockstaaten dürften nicht vergessen werden.

Eine intensive Zusammenarbeit aller Wirtschafts-Nationen ist anzustreben, meldete sich die Politik zu Wort.

Ein Kardinal gab zu Bedenken, dass ein solcher Eingriff in die Schöpfung ethische Fragen aufwerfe. Der Ethikrat müsse sich sofort damit befassen.

Die Aktivitäten nahmen Fahrt auf. Techniker, Wissenschaftler und erfahrene Pragmatiker entwickelten, mit enormer Energie und unglaublichem Ideenreichtum, eine alternativlose Strategie.

Rund um den Äquator müssen Strahltriebwerke installiert werden, ähnlich wie sie sich bei Flugzeugen seit Jahren bewährt haben. Ihre Schubkraft muss entgegengesetzt der Erddrehung wirken. Der Vorteil dieses außergewöhnlichen Lösungsansatzes sei, dass die Triebwerke peu à peu gestartet werden konnten und die Verlängerung der Tage in kleinen Schritten eintrat, so dass eine sanfte Bremswirkung gewährleistet werden könne.

Der Ethikrat, die Außenpolitiker und Umweltschützer hegten Zweifel, ob die betroffenen Staaten der Aufstellung von Triebwerken zustimmen werden.

Diesen Einwand wischte ein Lobbyist der Triebwerke-Industrie mit dem Ausspruch vom Tisch:

„Keine Mauer ist so hoch, dass ein mit Gold beladener Esel sie nicht übersteigen kann".

Er kannte sich aus mit Bestechung und Korruption. Offenbar hatte er einschlägige Erfahrungen.

Der Public Relation Manager forderte, dass die Weltbevölkerung umfassend informiert werden müsse, um die Akzeptanz der Menschen zu gewinnen. Auch die zu veranschlagenden Kosten dürfen nicht verheimlicht werden.

Alle stimmten zu!

Leidenschaftliche Debatten begannen in der Bevölkerung. Es waren aber nicht die gewaltigen Milliardensummen die aufgebracht werden mussten, die die Gemüter der Völker erhitzten, sondern ganz andere Einwände.

Die Bischöfe forderten, dass die gewonnenen Stunden zur seelischen Erbauung der Menschen verwendet werden müssen.

Die Gewerkschaften verlangten, die neue Zeit sollte zur Erholung der Arbeitnehmer zur Verfügung stehen.

Die Wirtschaftsmanager gaben zu bedenken, dass in ihren Betrieben, durch die Verlängerung des Tages enorme organisatorische Änderungen zu erwarten seien, und dass diese Mehrarbeit in den dazugewonnenen Stunden erledigt werden muss. Man könne später über andere Lösungen nachdenken.

Das Arbeitsministerium begrüßte das Vorhaben, würde sich doch die Chance auftun, eine Vielzahl neuer Jobs zu schaffen.

Der Kultusminister forderte, die gewonnenen Stunden für die Ausbildung der jungen Leute zu verwenden.
„Ich sage nur Pisa-Studie", und er unterstrich seine Worte mit erhobenem Zeigefinger.

In unzähligen Talk-Shows wurde das Vorhaben diskutiert und heftig darüber gestritten. Befürworter und Gegner gründeten Bürgerinitiativen. An den Stammtischen wurden hitzige Debatten geführt.

Indes zogen sich die „Macher" in ein einsames, vom Aussterben bedrohtes, Kloster zurück. Sie waren sicher, ihr Plan war nicht mehr zu stoppen. Die Sache musste gebührend gefeiert werden.

Bei dieser Feier war auch, der in die Jahre gekommene, Abt des Klosters zugegen. Zu vorgerückter Stunde fragte ein Minister den Abt, was er von den Plänen halte. Er war sich nämlich sicher, dass dieser ergraute alte Mann, der sein ganzes Leben hinter Klostermauern verbracht hatte, nur mit den Schultern zucken werde.

Der alte Abt setzte sich auf einen Stuhl, schaute gedankenverloren in die Ferne und schwieg. Alle fingen an ihn zu bedrängen. Er möge doch antworten. Seine Meinung sei ihnen wichtig heuchelten sie.

Lange schaute der Abt in die illustre Gesellschaft. Ein schelmisches Lächeln flog über sein von Falten zerfurchtes Gesicht. Dann begann er an zu reden:

„Heute geht doch alles schneller.
- Schnellere Autos.
- Schallmauer durchbrechende Flugzeuge.
- Computer die in Nanosekunden die schwierigsten Rechenaufgaben lösen.
- Informationen erreichen in wenigen Augenblicken den entferntesten Winkel der Erde.
- usw. usw. usw.

Trotzdem, reicht euch die Zeit nicht!
Es müsste doch immer mehr von ihr übrig bleiben!

Zeit ist seit ewigen Zeiten, in ausreichendem Maße vorhanden!

Sie wird von den Menschen nur falsch genützt!

Darum haltet ein, lasst die Seele baumeln, nehmt euch die Zeit zu schweigen!

Meine Lösung kostet nichts, ist ohne Verzögerung möglich, denkbar einfach und wirkt mit absoluter Sicherheit."

Ein Geraune drang durch das Refektorium. Sie traten in Gruppen zusammen und schüttelten ihre Köpfe über so viel Weltfremdheit des alten Abtes.

Spöttische Bemerkungen machten die Runde. Hämisches Lachen war zu hören. Der alte Abt ist offenbar verwirrt, senil und der modernen Zeit nicht mehr gewachsen, ließ ein bekannter Wortführer verlauten.

Der Ordensmann blickte einige Herrschläge lang nach oben und entgegnete gelassen:

„Er hat Zeit! —— Seine Zeit ist die Ewigkeit." ——

Stille trat ein. ——

Dann unterbrach der Alte die eingetretene Ruhe mit den Worten:

„Ihr habt die Uhren! Aber ich habe die Zeit, die Zeit, täglich eine halbe Stunde an Gott zu denken!

Es sei denn, ich habe sehr viel zu tun, —— dann allerdings ist eine ganze Stunde erforderlich!

So einfach ist die Lösung eures Problems.

So blieb es dabei, der Tag hat auch heute noch 24 Stunden.

Und das ist gut so!

Raben-Sagen

Auf winterkahlem Baumgeäst,
ganz oben war ein Rabennest,
unweit davon, am Straßenrand,
sich ein Rabenpaar befand,

das Nahrung suchte unterm Eise.
Kärglich war der Vögel Speise.
Sie wussten, dass ihre Vorfahren
klug und berühmte Tiere waren.

Als es nicht gab das Internet
noch Instagram und Düsenjet
brachten sie Informationen,
von den Menschen, den Nationen,

zu ihrem Herrn, dem Gott Odin,
die Raben Munin und Hugin,
wenn er mit dem Achtfußpferde
nicht weilen konnte auf der Erde.

Der Rabe in der Kälte ächzte,
als der Zweite Antwort krächzte.
Berichtet wird das ist gewiss,
man liest es im Buch Genesis.

Als Noah in der Arche war
und mit ihm der Tiere Schar,
auf den Wassern in der Flut,
verließ den Mann niemals der Mut.

Dereinst er einen Raben schickte,
zu spähen ob er Land erblickte,
ihm zur Seite eine Taube
fest war immer noch sein Glaube,

wenn er der Arche Schaukeln satt,
strandet auf dem Ararat.
Es halfen unsre Geistesgaben
Noah schon, schrien die Raben.

Der eine Rabe hackt voll Zorn
auf ein gefrones Samenkorn
und klagt erbost dabei, er flennt,
weil man sie Rabeneltern nennt.

Wir schützen doch unsre Brut.
Es ginge allen Kindern gut,
wenn sie immer Eltern haben,
die so treu sorgen wie die Raben.

In Merseburg ließ einst erblassen,
hat seinen Diener hängen lassen,
Bischof Thilo, weil er glaubte,
dass dieser seinen Ring ihm raubte.

Doch ist ein Rabe es gewesen.
Als man unterm Dache mit dem Besen
aufräumte, vor dem Kirchenfest,
fand man in einem Rabennest,

den goldnen Ring, fing den Raben,
er sollte seine Strafe haben.
Im Wappen von dem frommen Mann,
seitdem den Raben finden kann.

Doch der Bischof nicht erkannte,
obschon die Reu' ihn übermannte,
was der Rabe wollte lehren.
Zur Demut wollt' er ihn bekehren.

Gold soll er im Herzen haben,
nicht an der Hand Rubine tragen.
Bescheiden sei allzeit sein Wesen.
So wie sein Herr es einst gewesen.

Geschrieben steht in den Sternen,
von diesem Raben soll man lernen.
Der Hirte muss dienen seiner Herde,
dass ihn die Machtgier nicht gefährde.

Der Skandal im Skandal

Sie haben die Kunden schamlos belogen,
Gesetze umgangen, dreist betrogen.
Nur bestraft, es ist zum Weinen,
wurde keiner, es trifft nur die Kleinen.

Raffiniert getrickst, frech manipuliert,
Grenzwerte missachtet, ganz unscheniert.
Sie locken mit Prämien zu neuem Kauf,
ihr Betrug schafft Gewinn, ich wette darauf.

Das Wort der Gewählten leider nicht zählt
und die, die entscheiden, sind nicht gewählt.
Die Macht der Konzerne triumphiert.
Der Mammon, nicht die Regierung, regiert.

Hastig schaffen verbotene Zonen,
um saubere Luft in die Städte zu holen.
Man ächtet Motoren die einst hochgelobt,
bitterer Streit um deren Schadstoffe tobt.

Dabei wird vergessen bei lärmendem Streit,
die Technik hat längst die Lösung bereit,
dass gute Autos mit Dieselmotoren,
nicht halten müssen vor städtischen Toren.

Keiner getraut sich Konzerne zu zwingen,
ihren Betrug in Ordnung zu bringen.
Stattdessen, man häuft Mist auf den Mist.
Genial wäre die Lösung, die einfach ist.

Sie werden kommen

(Gedanken zur Asylproblematik)

Sie werden kommen,
von überall her,
über Berge und Straßen
und über das Meer.

Sie werden kommen,
da gibt es kein Halten,
Nationen und Ämtern
bleibt nur das Verwalten.

Sie werden kommen,
es treibt sie die Not
lechzend nach Frieden,
Liebe und Brot.

Sie werden kommen,
solange das Hassen
die Herzen der Menschen
zu Stein werden lassen.

Sie werden kommen,
weil Tod und Verderben
Hoffnung erstickt,
in sinnlosem Sterben.

Sie werden kommen,
solange Reibach sie machen.
Waffenkonzerne und Schleuser
in das Fäustchen sich lachen.

Sie werden kommen,
wer kann es verwehren.
Es ist nicht zu verhindern,
mit Bomben, Gewehren.

Sie werden kommen,
weil Terror ihre Heimat zerstört,
und das Weinen der Kinder
die Welt nicht mehr hört.

Sie werden kommen,
solange wir nicht,
einer Vernunft misstrauen,
die aus Pulverdampf spricht.

Sie werden kommen,
solange die Welt nicht begreift,
dass jeder verliert
der zu den Waffen greift.

Du fragst nach der Lösung!
Ich kenne sie nicht!
Doch Gerechtigkeit schaffen,
ist göttliche Pflicht.

Entwurzelten helfen, Wunden heilen.
Vielleicht ist die Antwort:
Überfluss teilen!
Teilen! Ja teilen!

Bundestagswahl 2017

Em September hont os gwählt,
ma hot diea Stemma aus glei zählt.
Manche send noch recht vrschrocka,
hont glei agfanga zom bocka.

Scho gots a mit Sondiera
om nuie Bündnis zom probiera.
Nix isch woara sapperlott,
oine wüscht rei, andre hott.

Diea alta Riege moit iatzt zmol,
verlora hont os allemol,
doch täts zom Regieara langa,
sie wöllat nomal nui afanga.

Viele Wucha send vrronna
Finessa hont's ond Regla gsponna.
Siebahondertnei Persona,
deant iatzt da Bundestag bewohna.

I sags na, es sei wias sei,
viele Köch, a schlechter Brei.
Ma ka net flechte neie Zöpf,
mit de Hoor von stuare Köpf.

Os hont ui gwählt zom Regiera,
net zom Zirkus inszeniera.
Wiea lang soll des Volk no warta,
semmer denn em Kendergarta?

Drom isch mei Rot, mir deant Diäta
off Null ra setza, för an Jeda
ond schicket alle glei zor Strafe
wiea bei dr Papstwahl end Konklave.

Bei Wasser, Broat ond kalte Betta,
globat Leit, ma köant drauf wetta,
bevor dr Februar dahin,
standad d Regierung en Berlin.

Ein kurzes Nachwort

Dean Wunsch hab i no am End,
dass mei Büachle Leser fend,
a Fräd hont o an meine Zeile
ond geara en eahm deant verweila.

Vielleicht wärs guat es tät gelenga
wanns a weng zom Denka zwenga.
Freile muaß ma ebbas schaffa,
abr net blos Reichtom zammaraffa.

Schöa hot dr Hergott d Welt doch gmacht.
Ma siechts bloß, wann ma Pausa macht.
Wer nor wuahlt, schachert ond rennt,
hot koi Vrstand, sagt was dr wend.